Kreatives Nähen

Wir lieben das Landleben.

Chloé und Léa
EVE

Pünktchen
& Karos

24 fröhliche Accessoires
nähen für Freunde,
Familie und Dich

Die Freude zusammen zu arbeiten, die vielen Gelegenheiten gemeinsam Ideen umzusetzen und die schönsten Accessoires, für Sie und Ihr Heim zu kreieren: in Farben und Formen – originell und praktisch zugleich – das alles steckt in diesem Buch!

Man inspiriert sich gegenseitig, bestärkt sich, plaudert während des Nähens... Sie brauchen nur ein wenig Zeit. Und für die Anfängerinnen heißt es: Los geht's! Sie werden über Ihre Ergebnisse staunen!

Wir hoffen, dass Sie ebenso viel Freude und Spaß beim Nähen dieser Modelle haben werden, wie wir es beim Entwerfen hatten.

Chloé und Léa

Inhalt

Schwierigkeitsgrad

Alle Anleitungen sind nach Schwierigkeitsgrad eingeteilt, damit Sie die Modelle entsprechend Ihrer Fertigkeit oder der verfügbaren Zeit wählen können.

★ ☆ ☆ *Anfänger*
★ ★ ☆ *Fortgeschrittene*
★ ★ ★ *Könner*

Dekoratives

Anleitung für die Einkaufstasche Seite 18

Anleitung für die Tisch-Sets Seite 20

Anleitung für die Schürze mit Tunnelzug Seite 22

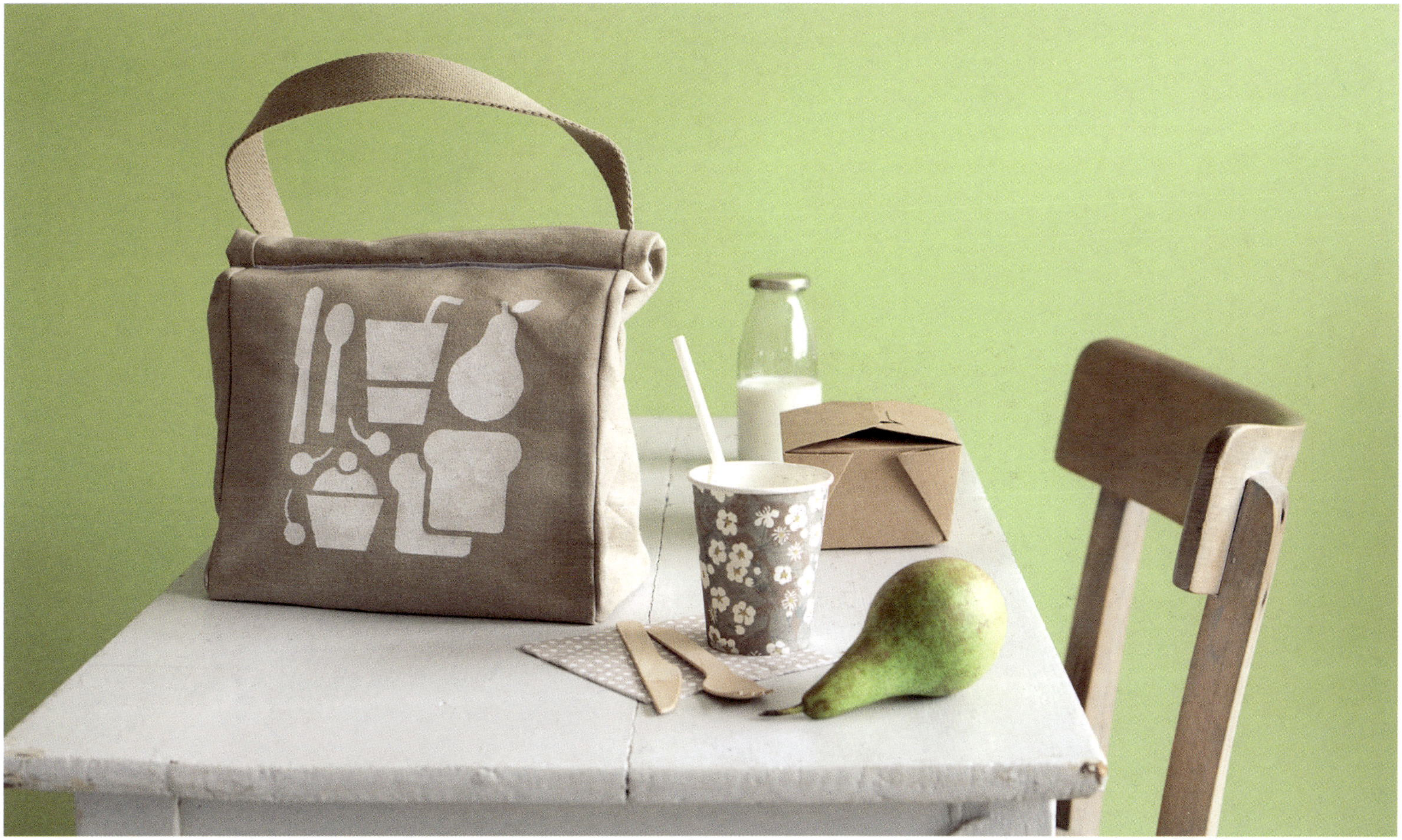

Anleitung für das Lunch Pack Seite 21

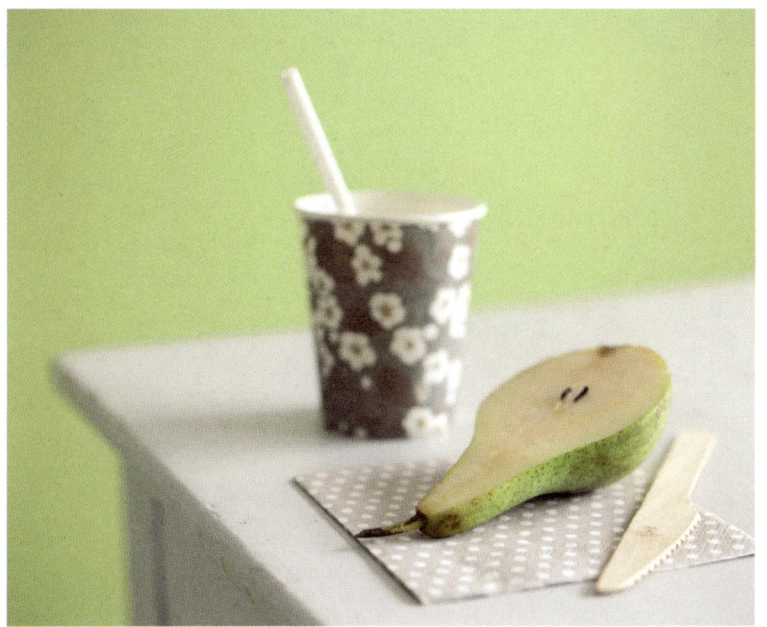

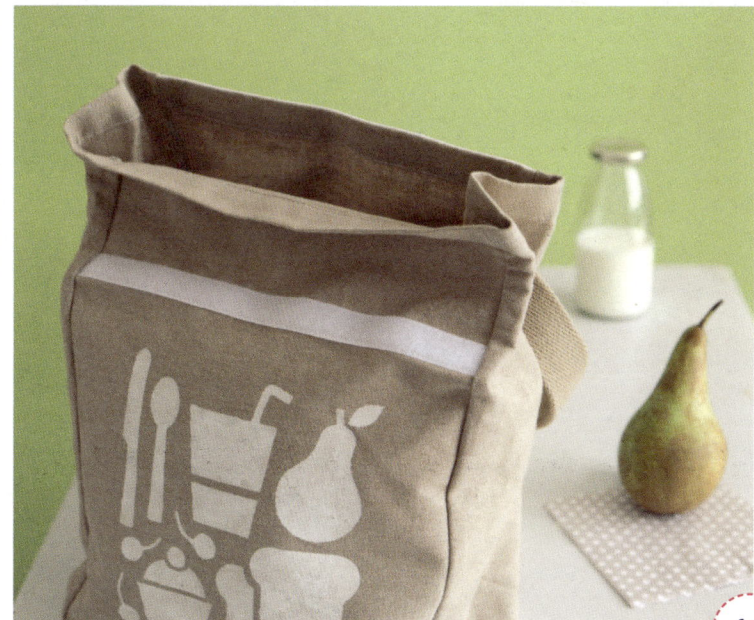

Anleitung für die Kissen mit applizierten Motiven Seite 24

Anleitung für die Schmetterlinge Seite 26

Anleitung für den Bilderrahmen "Mein kleines Herz" Seite 28

Anleitung für die Geblümten Aufbewahrungskörbe Seite 27

Materialien

Herausnehmbare Motivvorlage am Ende des Buchs

- 110 x 60 cm festes Naturleinen mit weißen Punkten
- 96 x 60 cm rotes Wachstuch (Futter)
- 96 x 60 cm aufbügelbares Vlies
- 3,60 m zum Leinen passendes 3 cm breites Gurtband

- Zum Leinen und zum Gurtband passendes Garn
- 16 x 45 cm feste Plastikfolie
- Rote Textilfarbe
- Feiner Pinsel
- Cutter

1. Vorbereitung der Einkaufstasche

Bügeln Sie das Bügelvlies auf die linke Seite des Leinens. Übertragen Sie die Angaben für die Säume aus Zeichnung 1 mit Schneiderkreide auf die aufgebügelte Seite: 2 cm für den Umfang und 6 cm an den kurzen Seiten. Zeichnen Sie ebenso die Mitte parallel zu den kurzen Seiten ein (Zeichnung 1).

Dann übertragen Sie entsprechend Zeichnung 2 die Position des Gurtbands im Abstand von 17 cm von den langen Seiten auf die rechte Seite des Leinens, sowie die Punkte A und A', die die Übersteppung des Gurts 10,5 cm von den kurzen Seiten kennzeichnen (Zeichnung 2).

Stecken Sie den Gurt auf rechts des Leinens, legen Sie dabei die Enden übereinander, wie in Zeichnung 2 angegeben, so befindet sich der Ansatz an der Unterseite der fertigen Tasche. Steppen Sie die Gurtbänder 2 mm vom Rand und übersteppen Sie den Gurt an den Punkten A und A', um diesen zu verstärken.

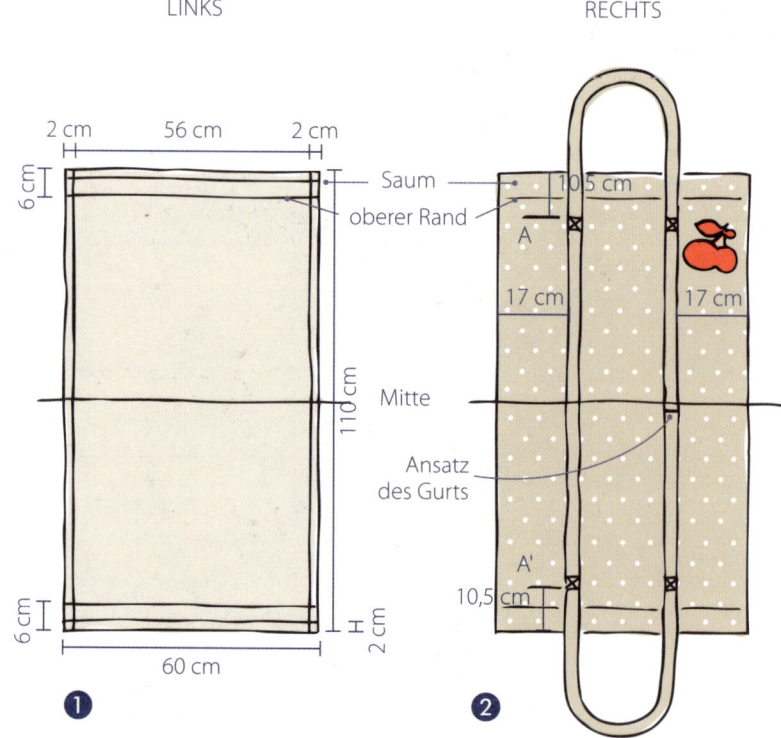

2. Aufzeichnen des Motivs

Übertragen Sie das Kirschenmotiv mit einem Bleistift auf die rechte Seite der Tasche, wie in Zeichnung 3 vorgegeben: der obere Teil des Blatts ist 5 cm vom oberen Teil der Tasche entfernt und die linke Kirsche 1 cm vom Gurt für den Henkel. Malen Sie das Motiv mit einem feinen Pinsel mit roter Textilfarbe aus. Fixieren Sie die Farbe mit dem Bügeleisen entsprechend der Anleitung des Herstellers (siehe Seite 91).

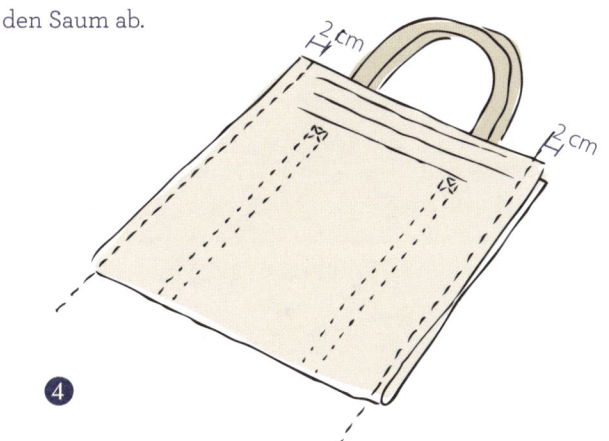

3. Zusammensetzen der Einkaufstasche

Falten Sie das Leinen rechts auf rechts zur Hälfte, parallel zu den kurzen Seiten. Steppen Sie die langen Seiten 2 cm vom Rand (Zeichnung 4). Öffnen Sie die Nähte mit dem Bügeleisen, erhitzen Sie dabei das Kirschenmotiv nicht. Bügeln Sie den Saum der Taschenoberseite entsprechend den Angaben: schlagen Sie zunächst links auf links 2 cm und dann 4 cm ein. Stecken Sie den Saum ab.

Zum Arbeiten des Bodens öffnen Sie die Tasche, noch immer auf links, flachen Sie die beiden Ecken des Bodens ab, um eine Fläche von 16 cm und die Tasche ihr Volumen zu erhalten. Stecken und steppen Sie auf beiden Seiten zwei Dreiecke ab (Zeichnung 5). Schneiden Sie die Dreiecke bis 1 cm vor der Naht zurück. Wenden Sie die Arbeit auf rechts.

4. Einsetzen des Futters

Gehen Sie ebenso wie bei der Tasche vor, jedoch ohne den oberen Saum zu nähen und ohne das Futter auf rechts zu wenden (Zeichnung 6).

5. Zusammenfügen der Tasche

Setzen Sie das Rechteck aus Plastik auf den Boden der Einkaufstasche und stecken Sie anschließend das Futter hinein. Nehmen Sie den oberen Rand des Futters in den Saum der Tasche ein, stecken Sie ihn fest und steppen Sie 5 mm vom Rand des Saums.

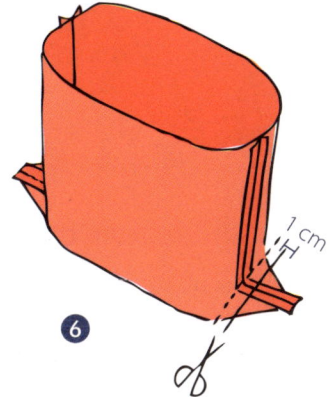

Tipp
Sie können das Kirschenmotiv aufmalen oder aus Filz applizieren (siehe Seite 90).

Léa rät:
Wählen Sie die Farbe des Futters passend zum Motiv und kombinieren Sie lebhafte Farben mit diskret gemusterten Stoffen (weiße Punkte, Naturtöne), damit erzielen Sie einen schönen Kontrast.

Tisch-Sets ★ ☆ ☆

Motivvorlage auf Seite 93

Für zwei Tisch-Sets:

• 60 x 38 cm roter, beschichteter Baumwoll-Popeline

• 60 x 38 cm rosafarbener, beschichteter Liberty Stoff Betsy Farbe J

• 86 x 30 cm himbeerfarbener, beschichteter Baumwoll-Popeline

• Weißes Nähgarn

• Cutter, Zeichenkarton, Textilkleber

1. Vorbereitung der Tisch-Sets

Schneiden Sie mit dem Cutter vier 43 x 30 cm große Rechtecke aus: eines aus rotem Popeline, eines aus Liberty Stoff und zwei aus himbeerfarbenem Popeline. Übertragen Sie das Motiv Messer und Gabel einmal auf die Rückseite des restlichen roten Popelines, dann einmal auf die Rückseite des restlichen Liberty Stoffes (siehe Seite 90).

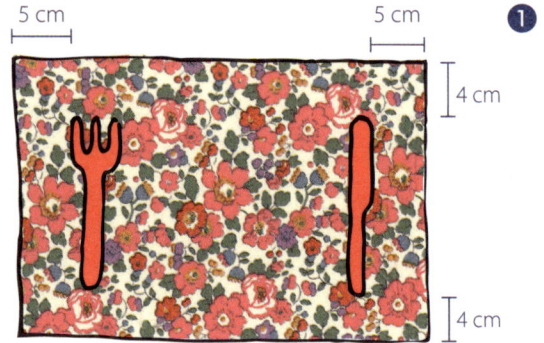

Schneiden Sie mit dem Cutter die aufgemalten Teile aus. Kleben Sie den Liberty Stoff auf rechts des Rechtecks aus rotem Popeline und die roten Teile auf rechts des Rechtecks aus Liberty Stoff: Platzieren Sie die Teile 5 cm von den kurzen Seiten und 4 cm von den langen Seiten (Zeichnung 1). Steppen Sie die Ränder aller Teile im Zickzackstich mit der Einstellung 1,5 auf (siehe Seite 90).

2. Vorbereitung der Einfassung

Schneiden Sie vier 4 x 35 cm lange Streifen aus dem roten Popeline und dem Liberty Stoff. Falten Sie alle Streifen, links auf links, der Länge nach zur Hälfte. Verstärken Sie den Falz durch lauwarmes Bügeln (Temperatur für Seide), legen Sie ein Baumwolltuch zwischen das Bügeleisen und den beschichteten Stoff, damit die Beschichtung nicht schmilzt. Schneiden Sie einen Streifen Zeichenkarton von 1 x 45 cm Länge. Das erleichtert das Falzen. Setzen Sie den Karton in den mittleren Falz auf links des beschichteten Stoffs und bügeln Sie einen zweiten und dritten Falz ein (Zeichnung 2).

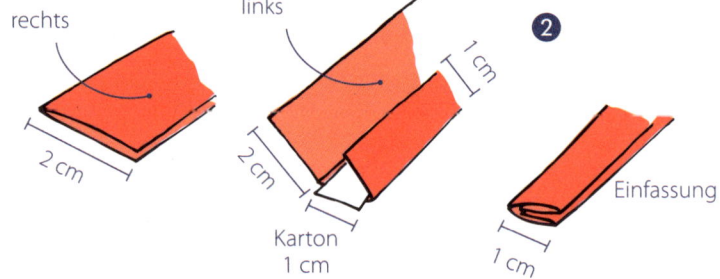

3. Zusammensetzen der Sets

Setzen Sie links auf links ein Rechteck aus himbeerfarbenem Popeline unter das Rechteck aus rotem Popeline und das andere himbeerfarbene Rechteck unter das Rechteck aus Liberty Stoff. Halten Sie die Stoffe mit ein paar Tupfen Kleber in jeder Ecke zusammen. Setzen Sie das Band aus Liberty Stoff um das Set aus rotem Popeline und die roten Bänder um das Set aus Liberty Stoff. Sichern Sie sie mit ein paar Tropfen Kleber, dann übersteppen Sie die Ränder der Bänder der beiden Sets im Zickzackstich, Sticheinstellung 1,5.

Chloé rät:
Wählen Sie einen bunt gemusterten Liberty Stoff mit hellem Hintergrund, kombinieren Sie diesen mit einfarbigen Stoffen in den Farben der Muster. So erhalten Sie einen harmonischen Farbeffekt.

Materialien

Motivvorlage auf Seite 92

- 120 x 30 cm beiger Stoff
- 40 cm beigefarbenes Gurtband, 3 cm breit
- 25 cm weißes Klettband, 2 cm breit
- 1 kleiner Borstenpinsel
- 1 Blatt Plastikfolie
- 12 x 22 cm fester Karton
- Weiße Textilfarbe
- Cutter
- Klebeband

1. Zusammensetzen der Tasche

Schneiden Sie ein 24 x 82 cm großes Rechteck und zwei 36 x 14 cm große Rechtecke aus dem beigefarbenen Stoff aus. Nähen Sie das Klettband auf rechts des beigefarbenen Stoffs und steppen Sie den Gurt auf, wie in Zeichnung 1 angegeben. Zeichnen Sie auf der linken Seite des Stoffs die Markierungen A und A' ein, die die Mitte der drei Teile bilden (Zeichnung 2).

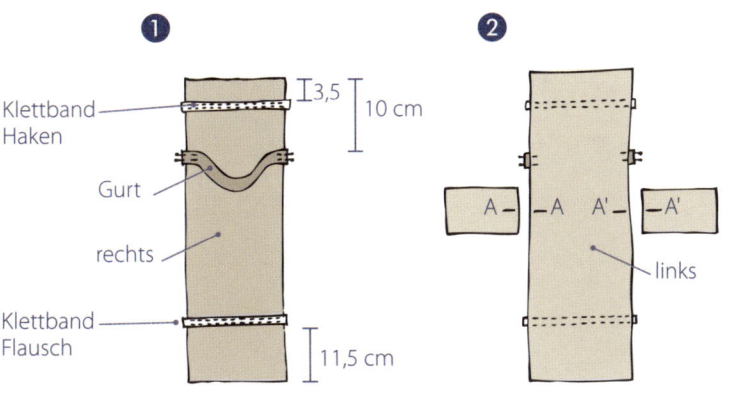

Stecken Sie die beiden kleinen Rechtecke aus Stoff rechts auf rechts auf das große Rechteck, orientieren Sie sich an den Markierungen A und A'. Beginnen Sie die Naht 1 cm vom Rand der kurzen Seiten auf links der kleine Rechtecke (Taschenboden). Steppen Sie dann 1 cm vom Rand die vier langen Seiten (Taschenseiten). Schlagen Sie für den oberen Saum 1 cm und dann noch einmal 2 cm um. Bügeln und feststecken. Eine Seite des Klettbands (Haken) befindet sich jetzt auf dem Saum am oberen Rand der Tasche. Nähen Sie den Saum 2 mm vom Rand (Zeichnung 3).

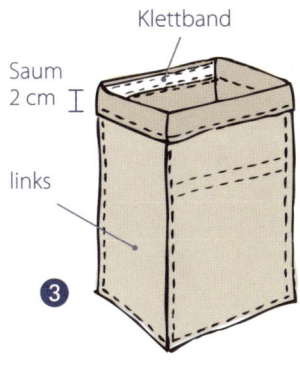

2. Motiv mit Schablone aufmalen

Zeichnen Sie das Motiv zum Schluss, damit es genau mittig platziert werden kann. Übertragen Sie das Motiv auf die Plastikfolie und schneiden Sie die Formen mit dem Cutter aus. Befestigen Sie die Folie mit Klebestreifen rechts auf den Stoff.

Setzen Sie das Motiv mittig zwischen das Klettband und den Taschenboden. Legen Sie zum Schutz Karton unter die zu bemalende Seite und stupfen Sie die Farbe mit einem Borstenpinsel

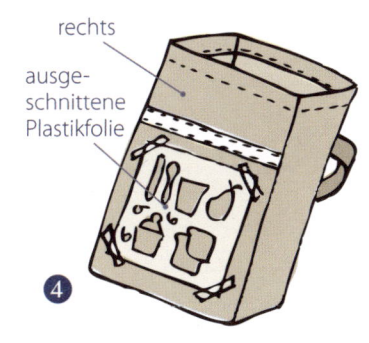

auf. Stupfen Sie senkrecht, um zu vermeiden, dass die Farbe unter die Plastikfolie läuft (siehe Seite 91). Fixieren Sie die Farbe mit dem Bügeleisen, entsprechend den Angaben des Herstellers. Setzen Sie den festen Karton in die Tasche.

Tipp

Die Ausarbeitung wird besonders hübsch, wenn Sie die sechs Innennähte im Zickzackstich umsäumen. Sie können das Motiv auch auf den Stoff übertragen und im Stilstich einfassen.

Léa rät:

Auf einem unifarbenen Stoff (hier beige, was an schlichte Papiertüten erinnert) kommt das graphische Motiv besonders gut zur Geltung.

Materialien

Herausnehmbares Schnittmuster und Motiv am Ende des Buchs

- 100 x 100 cm gelber, großgepunkteter Stoff
- 2,5 m zur Textilfarbe passendes Gurtband, 2 cm breit
- khakifarbene Textilfarbe
- Plastikfolie

- Borstenpinsel
- Klebeband
- Cutter
- 25 x 25 cm Karton
- Zeichenkarton

1. Vorbereitung der Schürze

So erhalten Sie das halbe Schnittmuster der Schürze: übertragen Sie den Schnitt der Schürze auf den Zeichenkarton und fügen Sie 70 cm, wie auf dem halben Schnittmuster angegeben, hinzu. Falten Sie das Stoffrechteck rechts auf rechts der Länge nach zur Hälfte. Übertragen Sie den halben Schnitt, den Sie erhalten haben, auf die Rückseite (Zeichnung 1) und zeichnen Sie die Markierung auf den Falz (siehe Seite 90). Schneiden Sie entlang der Linie. Bügeln Sie die im Schnittmuster angegebene Nahtzugabe links auf links ein: 6 cm oben und unten, 2 cm auf den Seiten. Schlagen Sie den Stoff 1 cm ein und heften Sie ihn. Steppen Sie 2 mm vom Saumrand rundum (Zeichnung 2).

2. Nähen des Tunnelzugs

Übertragen Sie den Schnitt des Tunnelzugs zweimal gespiegelt auf links des Stoffs und schneiden ihn zuzüglich 1 cm Nahtzugabe aus. Bügeln Sie die Nahtzugabe auf den kurzen Seiten und der großen Rundung, links auf links. Falten Sie die Nahtzugabe der kurzen Seiten auseinander und schlagen Sie nur die Nahtzugabe der größten Rundung ein. Stecken Sie jeweils einen Tunnelzug auf eine gerundete Seite der Schürze, rechts auf rechts. Legen Sie die beiden Teile genau aufeinander und steppen Sie 1 cm vom gerundeten Rand (Zeichnung 3).

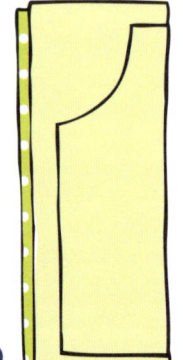

❶

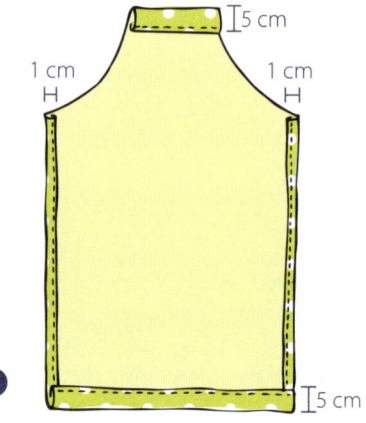

❷ 5 cm · 1 cm · 1 cm · 5 cm

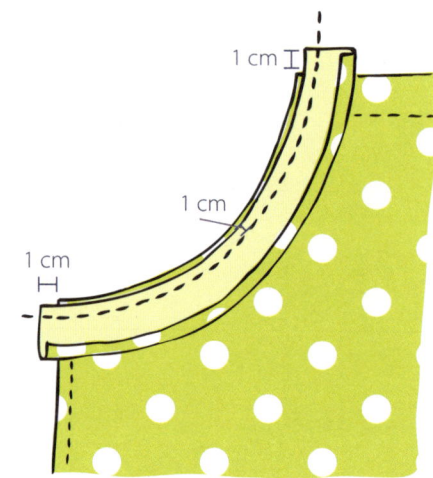

❸ 1 cm · 1 cm · 1 cm

Öffnen Sie den Falz (Zeichnung 4), schlagen Sie die Nahtzugabe der kurzen Seiten des Tunnelzugs ein und steppen Sie 2 mm vom Rand. Schlagen Sie den Tunnelzug der Schürze auf links ein und steppen Sie die zweite lange Seite 2 mm vom Rand (Zeichnung 5).

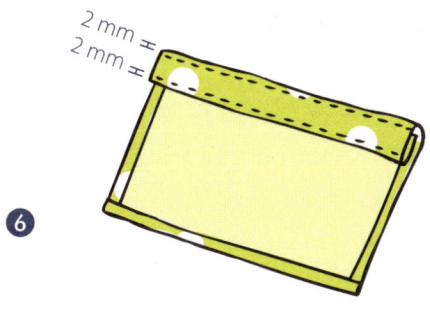

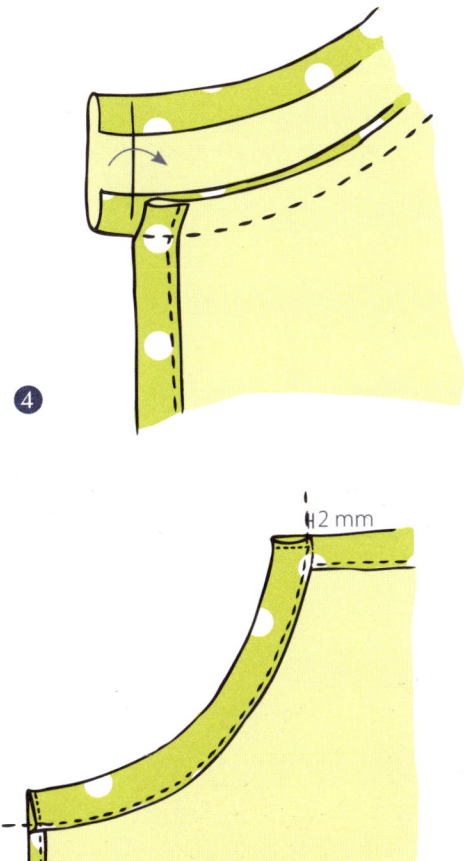

3. Nähen der aufgesetzten Tasche

Schneiden Sie ein 27 x 25 cm großes Rechteck aus dem Stoff aus. Schlagen Sie 1 cm links auf links auf beiden kurzen Seiten und der Unterkante der Tasche um und bügeln Sie den Falz. Bügeln Sie an der oberen Kante der Tasche einen Saum von 2,5 cm und steppen Sie ihn mit der Maschine jeweils 2 mm von den beiden Rändern fest (Zeichnung 6).

4. Motiv mit Schablone aufmalen

Übertragen Sie das Kochtopf Motiv auf die Plastikfolie und fertigen Sie mit dem Cutter die Schablone. Fixieren Sie die Folie mit dem Klebeband auf rechts, mittig, auf dem Stoff der Tasche. Stecken Sie den Karton in die Tasche (um den Stoff der Schürze zu schützen) und stupfen Sie die Textilfarbe mit dem Borstenpinsel senkrecht auf den Stoff, so vermeiden Sie, dass Farbe unter die Plastikfolie gelangt. Fixieren Sie die Farbe mit dem Bügeleisen entsprechend der Anleitung des Herstellers (siehe Seite 91). Stecken Sie die Tasche von den langen Seiten aus mittig auf die Schürze und 27 cm von der oberen Kante entfernt. Steppen Sie die beiden Seiten und die untere Kante der Tasche 2 mm vom Rand, verstärken Sie die oberen Ränder, um die Naht haltbarer zu machen.

5. Einsetzen des Gurtbands

Nähen Sie einen Saum von 1 cm an beiden Enden des Gurtbandes. Ziehen Sie es in den Tunnelzug.

Tipp
Falls Sie keine Textilfarbe in ihrem Wunschfarbton finden, können Sie Ihre eigene Farbe mischen. Verwenden Sie möglichst Farben desselben Herstellers. Für die Farbe khaki haben wir weiß, apfelgrün und ein wenig schwarz gemischt

Chloé rät:
Wählen Sie die Farbe des Gurtbandes passend zur Farbe Ihres Motivs Der großgepunktete Stoff unterstreicht die graphische Schlichtheit des Motivs.

Kissen mit applizierten Motiven ★ ★ ☆

Materialien

Herausnehmbare Motive am Ende des Buchs

- 49 x 34 cm Jeansstoff (Rückseite des Kissens)

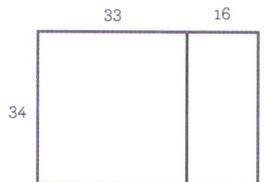

- 34 x 18 cm großgepunkteter oder großkarierter Stoff (Vorderseite des Kissens)

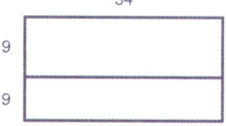

- 34 x 20 cm kleingepunkteter oder kleinkarierter Stoff (Vorderseite des Kissens)

- 22 x 14 cm Filz (Farbe entsprechend dem gewählten Modell)

- 2 Mal 24 cm Paspel in zwei unterschiedlichen Farben

- 1 beziehbarer Knopf mit 3 cm Durchmesser

- 1 Kisseninlet 32 x 32 cm

- Zum Filz passendes Nähgarn

1. Applikation

Übertragen Sie das gewählte Motiv - Vogel, Apfel, Teekanne, Fisch, Schnecke, Kirschen, usw. - auf den Filz und schneiden Sie entlang der gezeichneten Linie aus. Stecken Sie das Motiv mittig auf die rechte Seite des gepunkteten Stoffs. Steppen Sie den Filz rundum 3 mm vom Rand auf, übersteppen Sie dann das Motiv zur Zierde, indem Sie der gestrichelten Linie auf dem Motiv folgen (siehe Seite 90).

2. Vorbereitung der Vorderseite

Schneiden Sie zwei 34 x 9 cm große Rechtecke aus dem großgepunkteten Stoff aus. Stecken Sie eines der beiden Rechtecke mit dem kleingepunkteten Stoff und der Applikation aus Filz, rechts auf rechts an den langen Seiten zusammen. Legen Sie die Paspel zwischen die beiden Stoffe. Steppen Sie 1 cm vom Rand (Zeichnung 1). Setzen Sie das zweite Rechteck aus dem großgepunkteten Stoff auf gleiche Weise auf die andere lange Seite (Zeichnung 2).

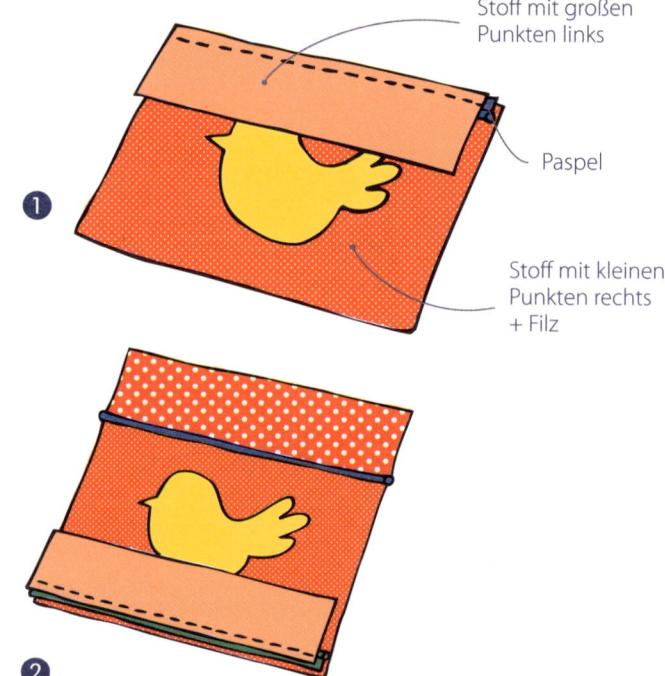

Stoff mit großen Punkten links

Paspel

Stoff mit kleinen Punkten rechts + Filz

3. Vorbereitung der Rückseite

Schneiden Sie ein 34 x 33 cm großes Rechteck aus Jeansstoff aus. Schlagen Sie die lange Seite links auf links 7 cm um. Steppen Sie im Geradstich 5 cm vom Falz. Bringen Sie ein 3 cm breites Knopfloch, mittig, 3 cm vom Falz an (siehe Seite 90 und Zeichnung 3). Schneiden Sie ein 34 x 16 cm großes Rechteck aus Jeansstoff aus.

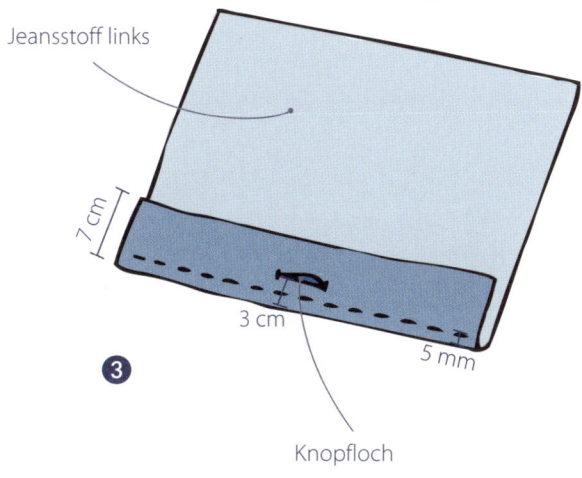

Jeansstoff links

7 cm

3 cm

5 mm

❸

Knopfloch

4. Zusammensetzen

Stecken Sie das große Rechteck aus Jeansstoff, Knopfloch nach unten, rechts auf rechts auf die Vorderseite des Kissens (Zeichnung 4). Stecken Sie das 34 x 16 cm große Rechteck aus Jeansstoff darauf. Bringen Sie die lange Seite mit der unteren Vorderseite zusammen. Steppen Sie 1 cm vom Rand rundum, nehmen Sie alle Lagen ein. Schneiden Sie ein 4 x 4 cm großes Stück aus dem kleingepunkteten Stoff. Überziehen Sie den Knopf und nähen Sie diesen an. Achten Sie darauf den Knopf dem Knopfloch gegenüber anzunähen. Wenden Sie den Überzug auf rechts und stecken das Kissen hinein.

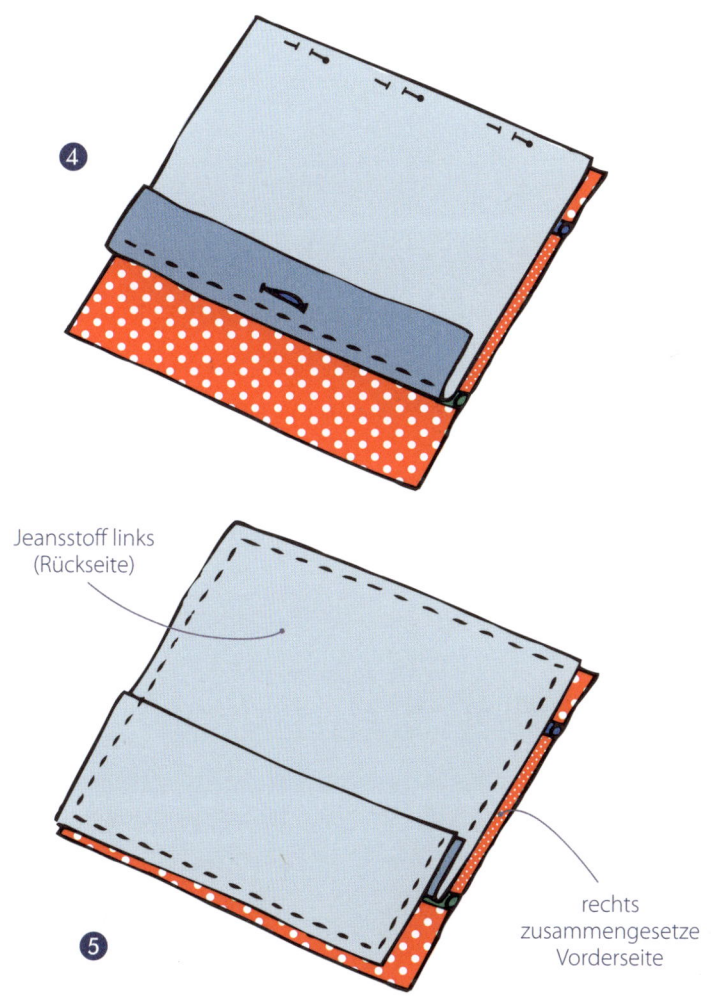

❹

Jeansstoff links
(Rückseite)

rechts zusammengesetze Vorderseite

❺

Schmetterlinge ★ ☆ ☆

Motivvorlage hier rechts

- Gepunktete, unifarbene und Liberty Stoffreste (40 x 15 cm lange Streifen)
- Beidseitig aufbügelbares Vlies
- Dekostecknadeln
- Zeichenkarton
- Schere oder Cutter

1. Kombination der Stoffe

Kombinieren Sie immer zwei Stoffe miteinander: Ein Liberty Stoff mit einem dunkeln, einfarbigen Stoff, ein gepunkteter Stoff mit einem Liberty Stoff. Schneiden Sie das beidseitige Bügelflies in der gleichen Größe wie die Stoffe aus. Stecken Sie das Bügelvlies links auf links zwischen die beiden Stoffe und bügeln Sie sie mit einem heißen Bügeleisen.

2. Ausschneiden der Motive

Übertragen Sie die drei Schmetterlingsmotive auf den Zeichenkarton und schneiden Sie sie entlang der Linie aus. Versuchen Sie möglichst viele Schmetterlinge mit den Schablonen aus den Streifen auszuschneiden. Schneiden Sie die Schmetterlinge entlang der gezeichneten Linie mit der Schere aus. Falten Sie sie in der Mitte, indem Sie die Flügel aufeinander legen. Stecken Sie sie mit der Dekonadel an die Wand.

Geblümte Aufbewahrungskörbe ★ ☆ ☆

- 90 x 45 cm beschichteter Liberty Stoff Mitsi Farbe T
- 90 x 45 cm rosafarbener, beschichteter Stoff (Futter)
- Zum Futterstoff passendes Garn
- Karton oder Plastik

1. Zuschnitt der Teile

Schneiden Sie aus dem Liberty und dem unifarbenen Stoff jeweils zwei Rechtecke aus, einmal 58,5 x 22 cm und einmal 42,9 x 18 cm. Schneiden Sie außerdem einen Kreis mit 20 cm und einen Kreis mit 15 cm Durchmesser aus beiden Stoffen aus.

2. Vorbereitung der Teile

Falten Sie die Rechtecke rechts auf rechts zur Hälfte, parallel zu den kurzen Seiten und steppen Sie jede kurze Seite 1 cm vom Rand. Steppen Sie jeden Stoffkreis rechts auf rechts an den Boden der entsprechenden Röhre (Zeichnung 1).

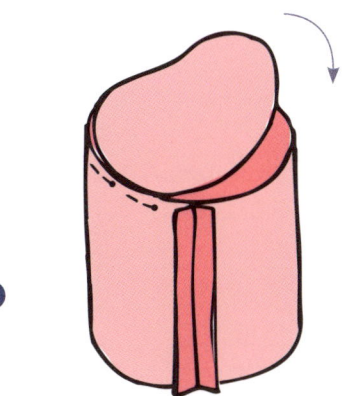

Heften Sie den Stoff, damit der Kreis sich in den Umfang der Röhre einpasst. Steppen Sie 1 cm vom Rand. Schlagen Sie alle vier zusammengesetzten Teile 1 cm links auf links um und bügeln Sie den Umschlag bei niedriger Temperatur, um den beschichteten Stoff nicht zu beschädigen. Zeichnen Sie einen Kreis mit 18 cm und einen mit 13 cm Durchmesser auf den Karton und scheiden Sie die Kreise aus.

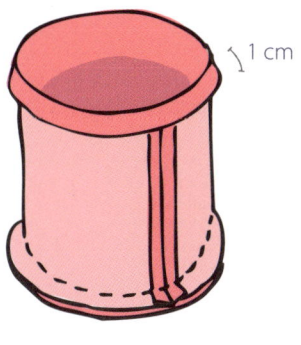

3. Zusammensetzen

Wenden Sie die beiden Arbeiten aus Liberty Stoff auf rechts. Setzen Sie erst den passenden Karton auf den Boden des Korbs, dann das Futter in den Korb, ohne dieses auf rechts zu wenden (Zeichnung 3) und heften Sie alles zusammen. Steppen Sie mit der Maschine einmal 4 mm und ein weiteres Mal 2 cm vom Rand entfernt. Schlagen Sie 4 cm des Korbs nach außen um, damit das Futter sichtbar wird.

Chloé rät

Wählen Sie für den Futterstoff eine Farbe, die auch im Liberty Stoff der Außenseite verwendet wird. Das Blumenmuster wird dadurch noch unterstrichen.

Materialien

Motiv auf Seite 95

- 35 x 21 cm violetter Liberty Stoff Betsy 2019 Farbe E
- 33 x 20 cm blauer Liberty Stoff Capel 3055 Farbe T
- 15 x 10 cm großes Foto
- Schneidunterlage und Metalllineal
- Vinylkleber, Cutter, Schere, Pinsel

Zuschnitt

2,5mm starker, grauer Karton

- 6 Mal 18 x 13,5 cm

Zeichenkarton 250g/m2

- 17,9 x 0,5 cm

1. Bilderrahmen

Schneiden Sie den Zeichenkarton entsprechend dem Schnittmusterplan aus. Schneiden Sie die Mitte des Rechtecks aus, damit Sie einen Rahmen erhalten, die Ränder sollten 2 cm breit sein (Teil A). Schneiden Sie einen zweiten Rahmen aus, damit Sie einen Rahmen von 1,5 cm erhalten und öffnen Sie eine der kurzen Seiten, wie auf Zeichnung 1 angegeben (Teil B).

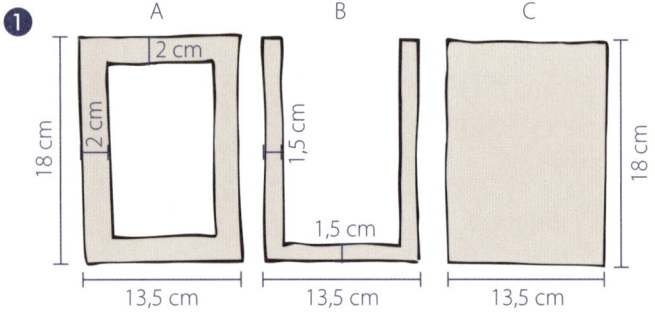

Kleben Sie den Karton B auf einen weiteren Karton (Teil C). Schneiden Sie ein 21 x 16,5 cm großes Rechteck aus violettem Liberty Stoff aus und beziehen Sie Rechteck C damit (siehe Seite 91): kleben Sie ihn mittig auf den Liberty Stoff. Schneiden Sie zwei Schlitze in die Verlängerung von Karton B. Schneiden Sie die Ecken im 45° Winkel schräg zurück und schlagen Sie alle Seiten, außer der in der Mitte oben, um den Karton (Zeichnung 2). Schneiden Sie 16,5 x 11 cm violetten Liberty Stoff ab. Versäubern Sie die vier Seiten 5 mm vom Rand mit Kleber (siehe Seite 91). Schneiden Sie ihn zurück, damit Sie ein Rechteck von 16 x 10,4 cm erhalten und kleben Sie ihn als Bildhintergrund in den Rahmen, dann schlagen Sie den verbliebenen oberen Stoffrand ein und kleben ihn fest.

Schneiden Sie ein 20 x 15,5 cm großes Rechteck aus blauem Liberty Stoff aus. Schneiden Sie kreuzweise einen Schlitz in die Mitte des Stoffs und beziehen Sie den Rahmen A: kleben Sie den Rahmen zentriert auf den Liberty Stoff. Schieben Sie die Schere in die Öffnung und schneiden Sie diagonal bis 2 mm vor jeder Ecke. Schneiden Sie den überstehenden Stoff 2 cm vom Rand ab, dann schlagen Sie die Enden ein und kleben sie fest (Zeichnung 3).

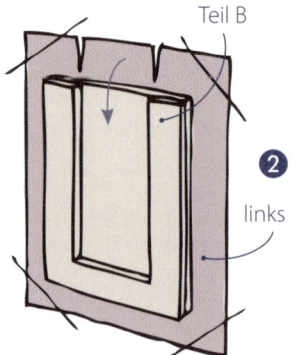

Teil B

links

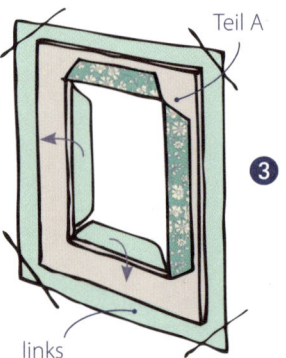

Teil A

links

2. Übertragen des Herzausschnitts

Übertragen Sie das Herz auf ein viertes Rechteck aus grauem Karton, setzen Sie es mittig in der Breite, die Oberkante des Motivs 4,5 cm von der kurzen oberen Kante entfernt (Maße dem gewählten Foto anpassen, siehe Tipp). Schneiden Sie es aus und verwenden Sie dieses erste Rechteck als Schablone für das Herz auf den zwei weiteren Kartonrechtecken. Kleben Sie zwei der ausgeschnittenen Rechtecke zusammen. Schneiden Sie ein 21 x 16,5 cm großes Rechteck aus dem violetten Liberty Stoff. Machen Sie einen Einschnitt auf der Rückseite mit dem Cutter in der Mitte des Herzes und umhüllen Sie die zwei zusammengesetzten Rechtecke: Geben Sie Kleber auf eine der beiden Seiten und setzen Sie den doppelten Karton mittig auf den Liberty Stoff. Schneiden Sie mit der Schere den überstehenden Stoff ein, vor allem in den beiden oberen Rundungen des Herzens (siehe Seite 90). Geben Sie um das Herz herum Kleber auf die Rückseite des Kartons und schlagen Sie den Stoff ein. Schneiden Sie den Stoff im 45° Winkel ein und schlagen Sie ihn um den Karton (Zeichnung 4). Schneiden Sie ein 15,5 x 20 cm großes Rechteck aus blauem Liberty Stoff und beziehen Sie das letzte Rechteck ebenso.

links

❹

3. Scharnier

Schneiden Sie einen 19 x 3,5 cm großen Streifen aus violettem Liberty Stoff. Kleben Sie den Zeichenkarton-streifen auf und setzen Sie ihn mittig auf die Rückseite des Liberty Stoffs. Schlagen Sie nur die kurzen Seiten um. Schneiden Sie einen 18,5 x 3,5 cm langen Streifen aus blauem Liberty Stoff aus. Versäubern Sie die kurzen Seiten mit Kleber und schneiden Sie ein 17,8 x 3,5 cm großes Rechteck aus. Kleben Sie es mittig auf den Zeichenkarton mit dem Libertystoff (Zeichnung 5).

links
Liberty violett   Karton

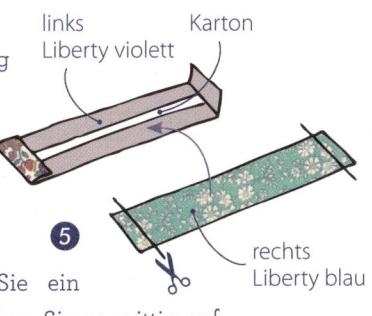

❺

rechts
Liberty blau

4. Zusammensetzen

Setzen Sie das mit blauem Liberty Stoff überzogene Rechteck mit dem ausgeschnittenen Herzen und den mit blauem Liberty Stoff bezogenen Fotorahmen rechts auf rechts zusammen (Teil A). Geben Sie Kleber auf die Rückseite der langen oberen Kanten auf 2 cm, vermeiden dabei Sie die Seiten, sonst können Sie den Bilderrahmen nicht mehr öffnen. Setzen Sie das Scharnier mittig auf, achten Sie darauf, den violetten Liberty Stoff nach vorne zu setzen (Zeichnung 6).

Liberty violett

❻

Öffnen Sie den Rahmen und setzen Sie ihn auf eine Stütze, die Rückseite zu Ihnen. Geben Sie Kleber auf das mit violettem Liberty Stoff bezogene Rechteck mit dem Herzen und setzen Sie es links auf links auf das mit blauem Liberty bezogene Rechteck mit dem ausgeschnittenen Herzen. Geben Sie Kleber auf den Bilderrahmen (Teil B/C) und setzen Sie ihn links auf links auf den Teil des Rahmens, der mit Liberty blau bezogen ist (Teil A): achten Sie darauf, dass der Schlitz des Bilderrahmens oben ist (Zeichnung 7). Beschweren Sie die Arbeit mit einem Gewicht, damit der Kleber gut hält. Schieben Sie ein Foto in den Schlitz des Rahmens.

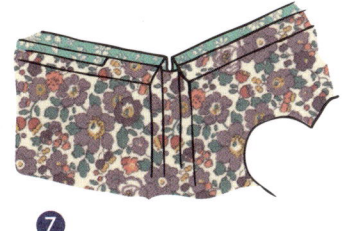

❼

Tipp
· Damit von dem Herzrahmen ein schönes Bilddetail eingerahmt wird, schneiden Sie ein 18 x 13,5 cm großes Rechteck und ein Herz aus Transparentpapier aus und probieren Sie an Ihren Fotos den besten Ausschnitt aus. Haben Sie ein Foto gewählt, markieren Sie die Stelle des Ausschnitts auf dem Transparentpapier und übertragen Sie sie auf den Karton.
· Bewahren Sie die Herzausschnitte auf, bohren Sie ein Loch und ziehen Sie ein Band durch, Sie können sie bemalen oder mit Stoff beziehen. Und schon haben Sie eine Dekoration für ein Geschenk!

Meine Schätze

Anleitung für das Schminktäschchen Seite 44

Anleitung für das Kleine Notizbuch Seite 46

Anleitung für die Umhängetasche Seite 48

Anleitung für die Wochenend-Tasche Seite 50

Anleitung für die Glücksbringer Seite 57

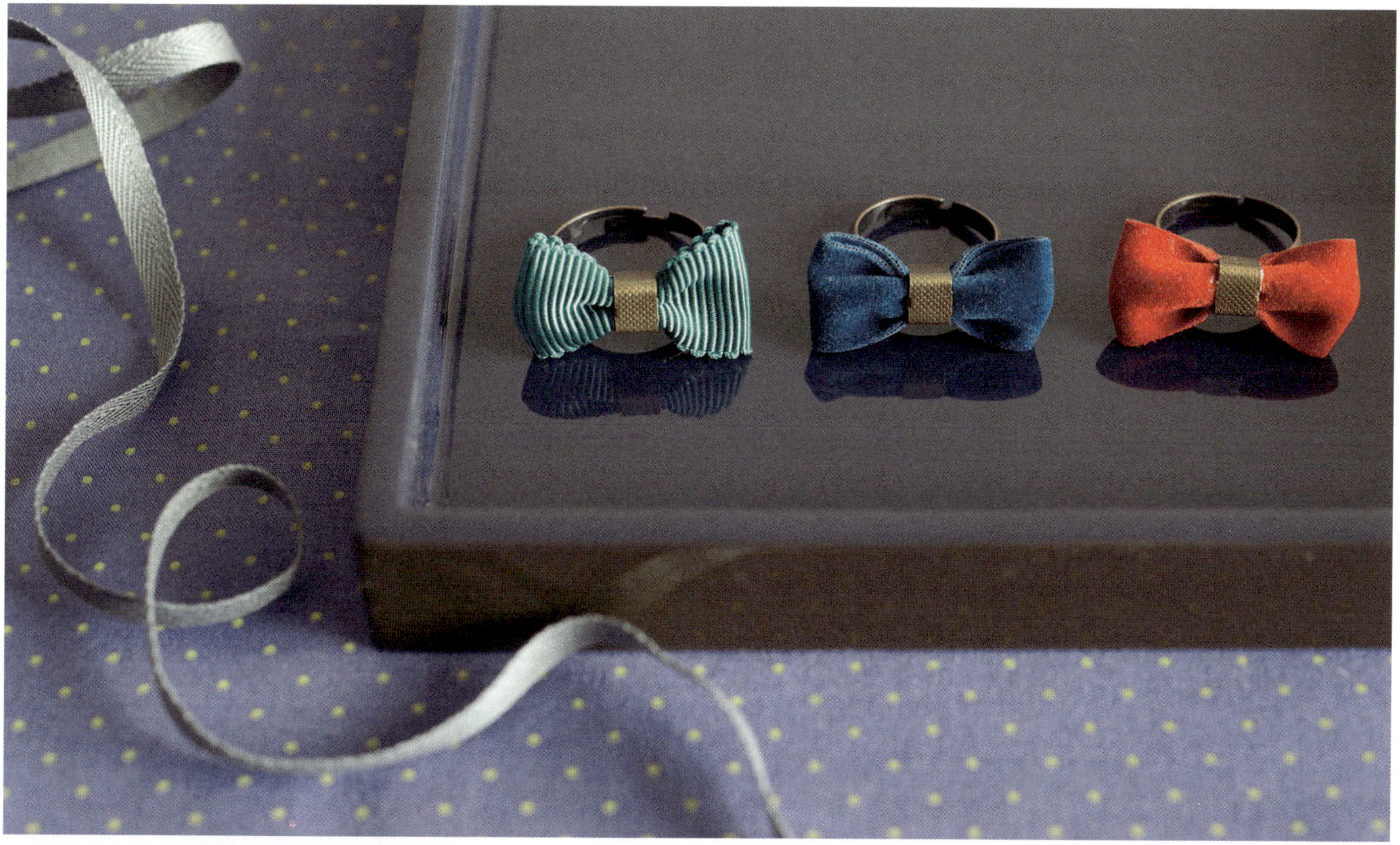

Anleiung für den Schmuck Seite 56

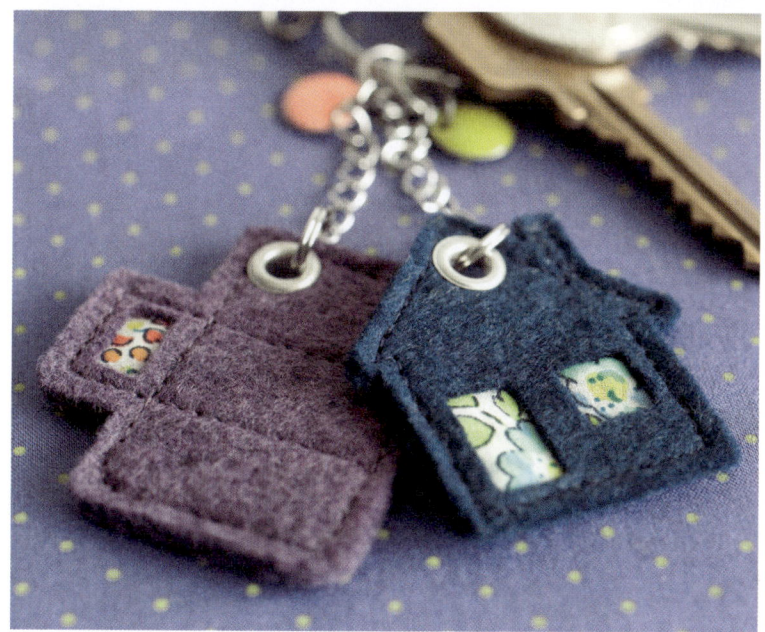

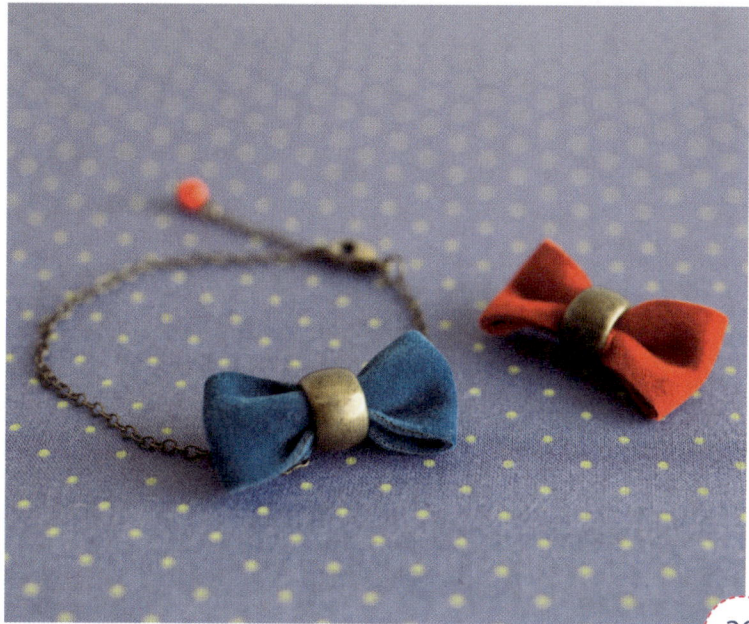

Anleitung für das Schmuckkästchen Seite 53

Anleitung für das Brillenetui Seite 58

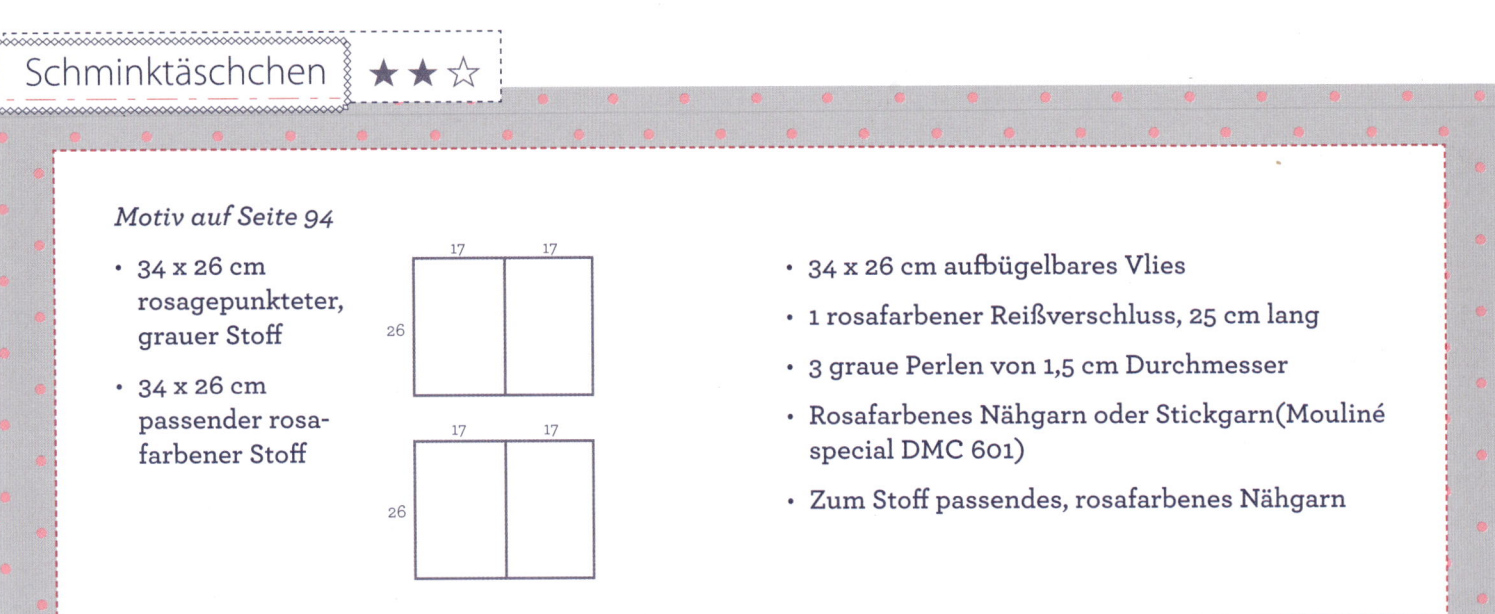

Materialien

Motiv auf Seite 94

- 34 x 26 cm rosagepunkteter, grauer Stoff
- 34 x 26 cm passender rosa-farbener Stoff

- 34 x 26 cm aufbügelbares Vlies
- 1 rosafarbener Reißverschluss, 25 cm lang
- 3 graue Perlen von 1,5 cm Durchmesser
- Rosafarbenes Nähgarn oder Stickgarn(Mouliné special DMC 601)
- Zum Stoff passendes, rosafarbenes Nähgarn

1. Vorbereitung der Teile

Schneiden Sie vier 26 x 17 cm große Rechtecke aus: zwei aus grauem Stoff (Stoff A) und zwei aus rosafarbenem Stoff (Futter B). Bügeln Sie das aufbügelbare Vlies auf die Rückseite des grauen Stoffs (Stoff A).

2. Sterne Sticken

Übertragen Sie das Sternenmotiv auf einen der Stoffe A, auf rechts (siehe Seite 90): den unteren Rand des Motivs 3 cm von einer der langen Seiten und die rechte Seite des Motivs 6,5 cm von einer der kurzen Seiten einzeichnen. Steppen Sie auf der gezeichneten Linie im Dreifach-Geradstich mit der Maschine oder sticken Sie die Sterne im Stilstich (siehe Seite 91).

3. Zusammensetzen der Seiten des Täschchens

Legen Sie rechts einer langen Seite Stoff A auf rechts des Reißver-schlusses. Dann legen Sie rechts einer langen Seite Futter B auf links des Reißverschlusses. Dieser muss zwischen den beiden rech-ten Seiten der Stoffe eingenommen werden. Steppen Sie möglichst nah an den Zähnchen (Zeichnung 1).

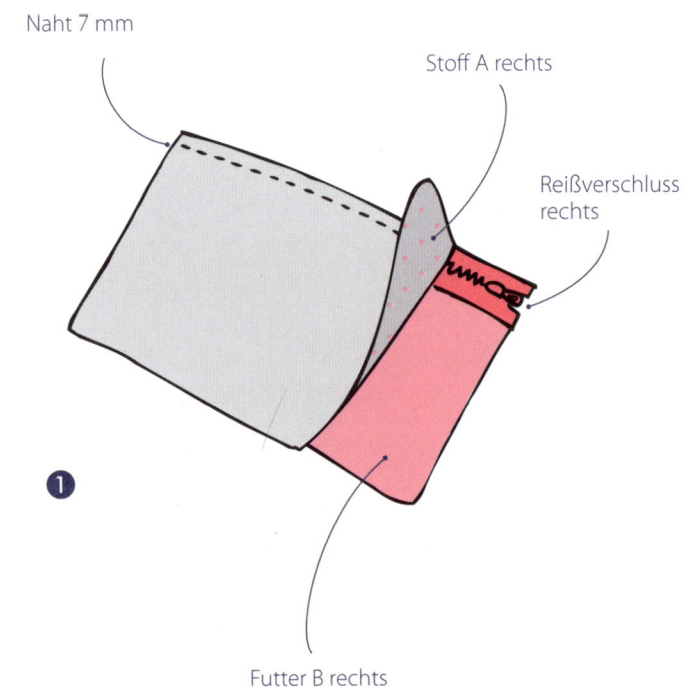

Naht 7 mm

Stoff A rechts

Reißverschluss rechts

❶

Futter B rechts

Wenden Sie die Stoffe auf rechts und bügeln Sie sie (Zeichnung 2). Arbeiten Sie die zweite Seite des Täschchens ebenso.

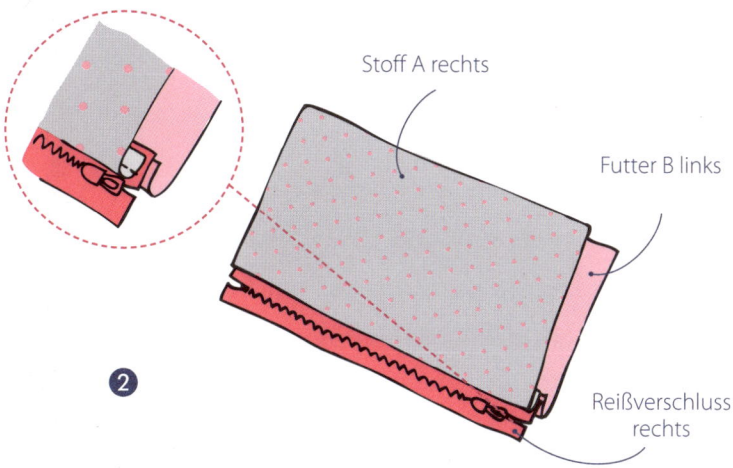

Stoff A rechts

Futter B links

Reißverschluss rechts

❷

4. Zusammensetzen des Täschchens

Öffnen Sie den Reißverschluss, damit Sie das Täschchen auf rechts wenden können. Falten Sie die Stoffe auf jeder Seite des Reißverschlusses auseinander, damit die Stoffe A rechts auf rechts und die Futterstoffe B rechts auf rechts gelegt werden können. Steppen Sie 1 cm vom Rand rundum und lassen Sie eine Öffnung von 10 cm auf der langen Seite des Futters zum Wenden des Mäppchens (Zeichnung 3).

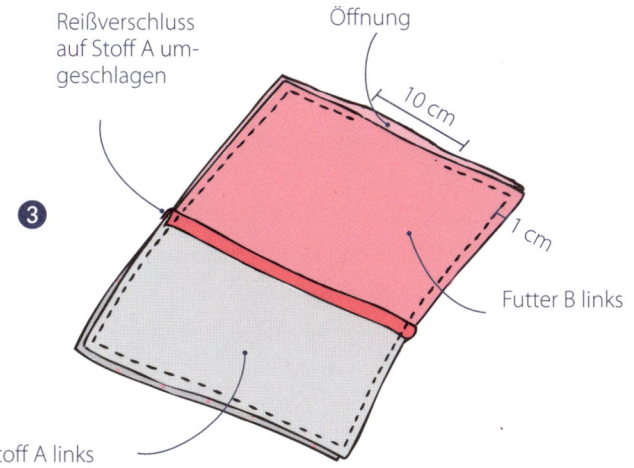

Reißverschluss auf Stoff A umgeschlagen

Öffnung

10 cm

1 cm

Futter B links

Stoff A links

❸

5. Ausarbeitung

Öffnen Sie die Nähte mit dem Bügeleisen. Falten Sie den Stoff an den vier Ecken (zwei aus Stoff A und zwei aus Futterstoff B) zu Dreiecken. Stecken Sie 2 cm von der Ecke eine Nadel ein und steppen Sie so jede der vier Ecken (Zeichnung 4). Schneiden Sie den übrigen Stoff bis auf 5 mm vor der Naht zurück. Wenden Sie das Mäppchen durch die Öffnung im Futter und schließen Sie sie im Blinddstich (siehe Seite 90). Schneiden Sie 12 cm Stickgarn aus dem Strang. Knoten Sie es an den Schieber des Reißverschlusses. Ziehen Sie eine Perle auf und fixieren Sie diese mit einem Knoten. Ziehen Sie noch zwei weitere Perlen auf. Schneiden Sie, falls nötig, das restliche Stickgarn ab.

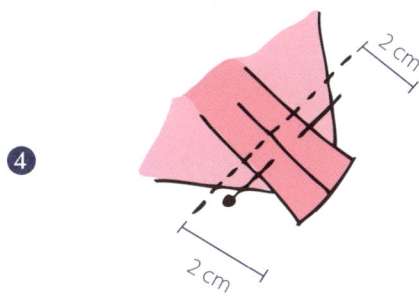

2 cm

2 cm

❹

Tipp
• Sie können auch Volumenvlies statt Bügelvlies verwenden, dann wird Ihre Arbeit weicher.
• Bügeln Sie das Futter flach, damit der Reißverschluss gut gleitet und nicht am Stoff hängen bleibt.

Chloé rät
Koordinieren Sie die Farbe des Reißverschlusses und des Stickgarns mit der Farbe des Motivs auf Ihrem Stoff. Wählen Sie auch die Farbe der Perlen passend zur Grundfarbe Ihres Stoffs.

Kleines Notizbuch ★ ★ ☆

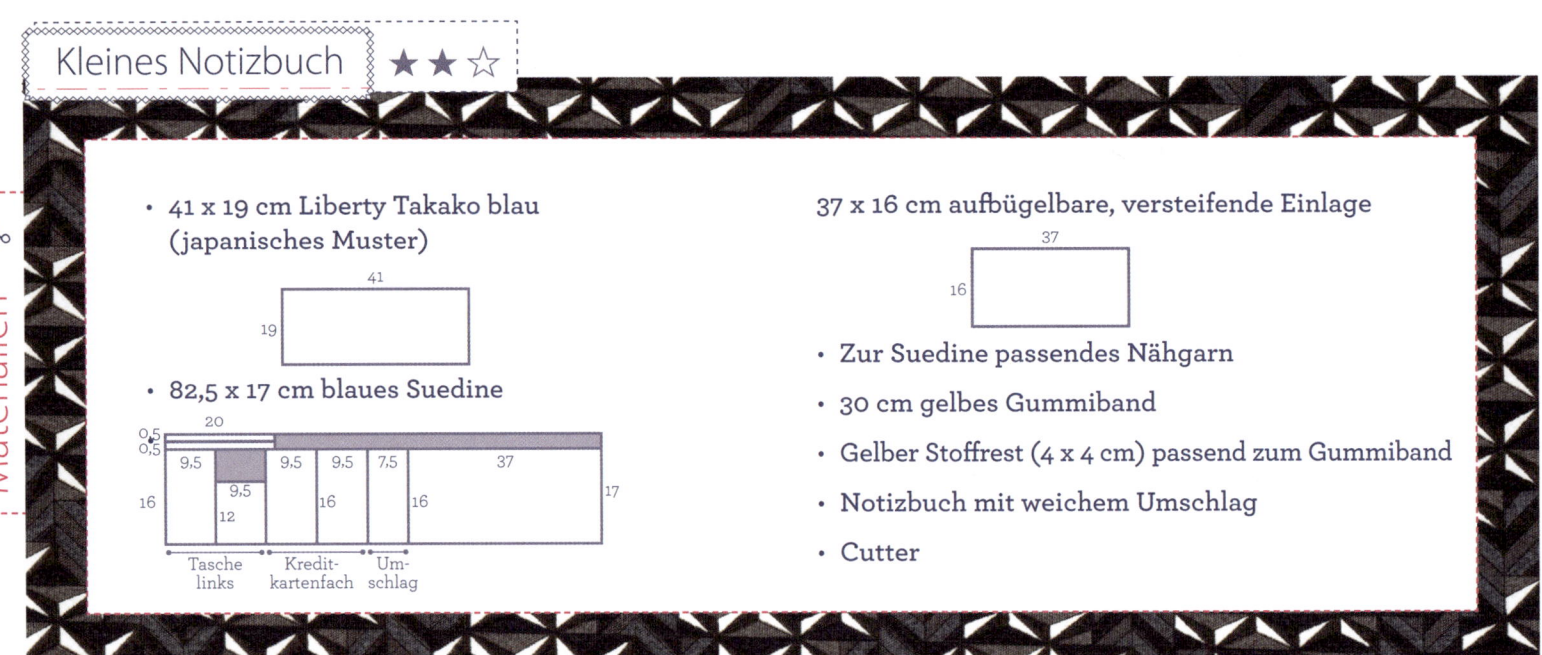

- 41 x 19 cm Liberty Takako blau (japanisches Muster)

- 82,5 x 17 cm blaues Suedine

37 x 16 cm aufbügelbare, versteifende Einlage

- Zur Suedine passendes Nähgarn
- 30 cm gelbes Gummiband
- Gelber Stoffrest (4 x 4 cm) passend zum Gummiband
- Notizbuch mit weichem Umschlag
- Cutter

1. Vorbereitung des Notizbuchdeckels

Bügeln Sie auf die Rückseite des Liberty Stoffs das Bügelvlies mittig auf. Schneiden Sie mit der Schere den Stoff im 45° Winkel ein, bis 5 mm vor dem Bügelvlies. Schlagen Sie die Nahtzugabe des Liberty Stoffs über das Bügelvlies, bügeln Sie den Umschlag und fixieren Sie ihn mit etwas Textilkleber (Zeichnung 1).

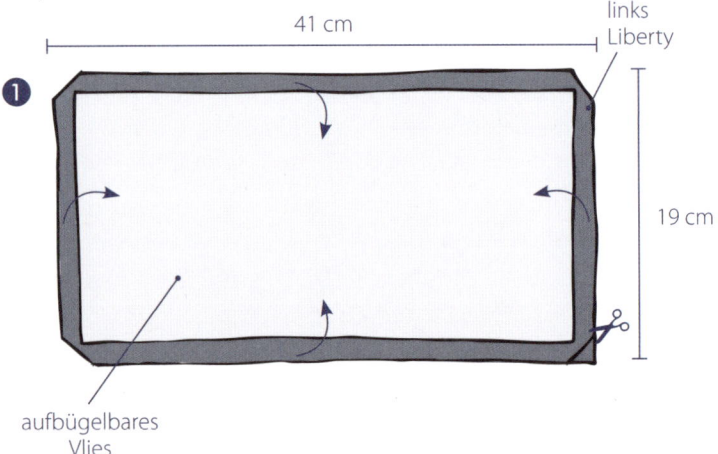

aufbügelbares Vlies

2. Vorbereiten der Innenseiten

Schneiden Sie für die linke Tasche ein 12 x 9,5 cm und ein 16 x 9,5 cm großes Rechteck. Legen Sie die beiden Rechtecke aus Suedine, an einer kurzen Seite bündig übereinander. Schneiden Sie zwei 6 cm Stücke vom gelben Gummiband ab. Falten Sie sie zur Hälfte und schieben Sie sie zwischen die beiden Rechtecke aus Suedine, wie in Zeichnung 2 angegeben. Stecken Sie sie fest und prüfen Sie, ob die Gummischlaufen genügend gespannt sind, um einen Stift zu halten. Steppen Sie die lange rechte Seite 2 mm vom Rand, nehmen Sie beide Lagen Suedine und die Gummibänder ein (siehe Zeichnung 2). Schneiden Sie für das mittlere Kreditkartenfach zwei 16 x 9,5 cm große Rechtecke aus Suedine aus. Schneiden Sie mit dem Cutter 9 cm lange Schlitze in eines der Rechtecke aus Suedine, wie in der Zeichnung angegeben. Legen Sie die beiden Rechtecke übereinander und steppen Sie die rechte lange Seite 2 mm vom Rand, steppen Sie die beiden mittleren Taschen 2 mm von den Einschnitten entfernt, wie in der Zeichnung angegeben. Schneiden Sie für den rechten Umschlag ein 16 x 7,5 cm großes Rechteck aus Suedine aus (siehe Zeichnung). Schneiden Sie für das Etikett ein 4 x 4 cm großes Quadrat aus einem gelben Stoffrest aus, schlagen Sie 5 mm auf den Seiten ein, falten Sie das Etikett zur Hälfte und bügeln Sie

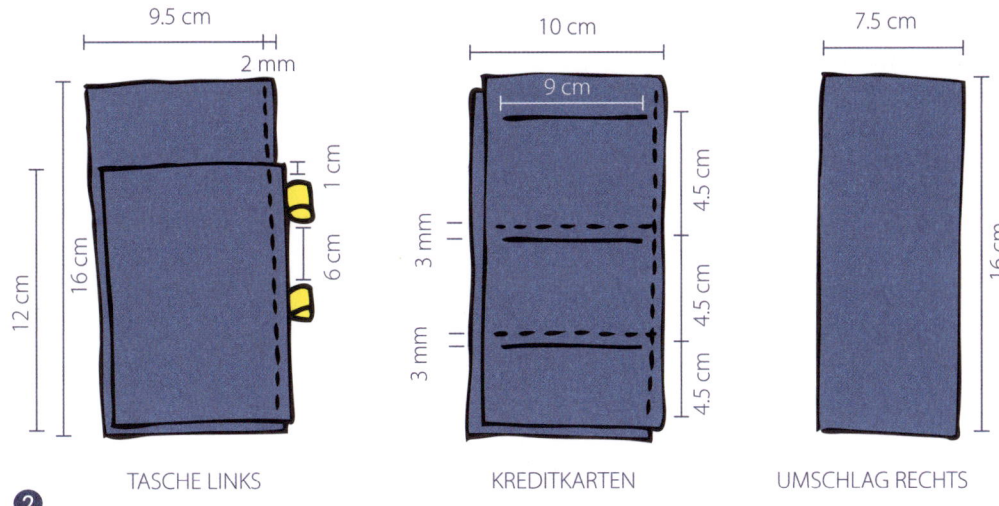

2

TASCHE LINKS   KREDITKARTEN   UMSCHLAG RECHTS

Umschlag und Etikett. Schneiden Sie aus Suedine zwei schmale 0,6 cm x 20 cm lange Streifen (Band für das Notizbuch) und ein 37 x 16 cm großes Rechteck aus (Rückseite des Deckels, siehe Zeichnung).

3. Zusammensetzen der Innenseite des Notizbuchs

Setzen Sie die drei Teile aus Suedine (Tasche links, Kreditkartenfach und Umschlag) auf das 37 x 16 cm große Rechteck aus Suedine, wie in Zeichnung 3 angegeben, und stecken Sie sie fest. Stecken Sie das Etikett aus gelbem Stoff und die beiden Bänder aus Suedine zwischen die beiden Lagen aus Suedine, wie auf der Zeichnung angege-

ben. Steppen Sie nur die linke Seite des Kreditkartenfachs, um das linke Bindeband zwischen beiden Suedine Lagen einzunehmen, wie in der Zeichnung in Rot angegeben. Heften Sie die drei Teile aus Suedine, das Etikett und das rechte Band auf das große Rechteck und entfernen Sie die Stecknadeln.

4. Zusammensetzen des Notizbuchs

Stecken Sie die Innenseite des Notizbuchs aus Suedine und den Buchdeckel aus Liberty Stoff links auf links zusammen. Das gelbe Gummiband läuft auf der Außenseite des Notizbuchs, stecken Sie die beiden Enden zwischen Stoff und Suedine fest. Steppen Sie 2 mm vom Rand rundum, wie in Grün in der Zeichnung 3 angegeben, achten Sie darauf, das Gummiband nicht auf die Außenseite des Notizbuchs zu nähen.

Naht Schritt 4   Naht Schritt 3

3

TASCHE   KREDIT-KARTEN   UMSCHLAG RECHTS

9.5 cm   4 cm   10 cm   6 cm   7.5 cm

37 cm

Tipp
Vergewissern Sie sich, dass der Notizblock in den Umschlag passt, bevor Sie Schritt 4 abschließen .

Léa rät
Mit einer leuchtenden Farbe für Gummibänder und Etikett sehen auch gedeckte Farben gleich lebhaft aus.

Herausnehmbarer Schnitt am Ende des Buchs

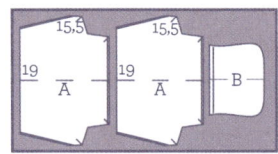

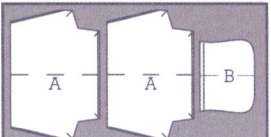

- 75 x 40 cm dunkelblauer Cord
- 75 x 40 cm Liberty Stoff rose Clarie Aude Farbe W (Futter)
- 40 x 150 cm feines Bügelvlies

- 75 cm Schrägband Liberty rose Clarie Aude Farbe W
- 40 cm dunkelblaue Paspel
- 118 cm dunkelblaues, gepflochtenes Gurtband
- 2 Metallringe mit je 1,5 cm Durchmesser
- 2 silberfarbene Steckschlösser, 2,5 x 3 cm
- Zum Cord passendes Garn
- •Zum Schrägband passendes Garn
- Zeichenkarton

1. Vorbereitung der Teile

Übertragen Sie das Schnittmuster A und B vollständig auf den Zeichenkarton (siehe Seite 90). Bügeln Sie das aufbügelbare Vlies auf die Rückseite des Cords und des Liberty Stoffs. Übertragen Sie auf die Rückseite des verstärkten Cords zweimal den Schnitt A und einmal den Schnitt B. Zeichnen Sie mit Schneiderkreide die Angaben der beiden Schnittmuster ein. Schneiden Sie die drei Teile mit 1 cm Nahtzugabe aus. Setzen Sie den Schnitt A auf rechts eines der Teile A aus Cord und bohren Sie durch den Schnitt die Markierung für die Verschlüsse. Kennzeichen Sie ebenso auf Teil B aus Cord die Stelle für die Verschlüsse. Übertragen Sie auf links des verstärkten Liberty Stoffs zweimal Schnittmuster A und einmal Schnittmuster B. Übertragen Sie die Markierungen, wie in den Schnittmustern angegeben, auf den Stoff. Schneiden Sie die drei Teile zuzüglich 1 cm Nahtzugabe aus.

2. Zusammensetzen der Tasche und des Futters

Stecken Sie die beiden Teile A aus Cord rechts auf rechts zusammen. Steppen Sie die Seiten und dann den Boden zusammen: Zeichnung 1.

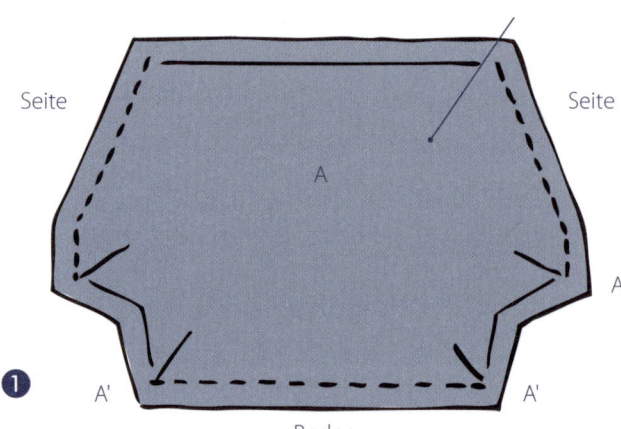

Cord links

Seite

Seite

A

A

❶ A' A'

Boden

Die Abnäher erhalten Sie, indem Sie die Punkte A und A' zusammenbringen und auf der Linie steppen (Zeichnung 2). Schneiden Sie die Nahtzugabe bis 5 mm vor der Naht zurück und öffnen Sie die Nähte mit dem Bügeleisen. Wenden Sie die Arbeit. Nähen Sie das Futter aus Liberty Soff auf die gleiche Weise, jedoch ohne die Arbeit zu wenden. Schlagen Sie am oberen Rand der Cordtasche und des Liberty Futters 1 cm links auf links um und fixieren den Umschlag mit dem Bügeleisen. Teilen Sie die Paspel in zwei Teile. Heften Sie jeweils ein Teil auf eine Seite des Cordumschlags, beginnen und enden Sie an den Seitennähten (Zeichnung 3).

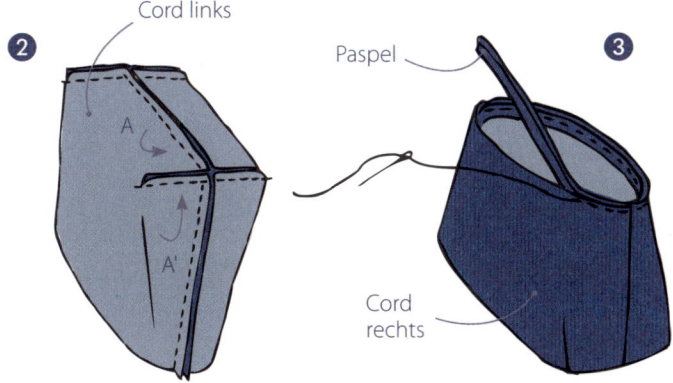

3. Nähen des Umschlags

Stecken Sie die beiden Teile B links auf links übereinander: das Futter aus Liberty Stoff und den Cord. Stecken Sie das Schrägband auf die runde Seite der Patte (3 Seiten). Heften Sie und steppen Sie 8 mm vom Rand des Schrägbands (Zeichnung 4).

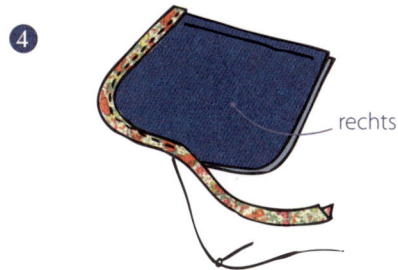

4. Anbringen der Verschlüsse

Befestigen Sie die Verschlüsse auf der Außenseite der Tasche und auf der Patte, entsprechend den Markierungen auf dem Cord.

5. Anbringen der Henkelschlaufen

Schneiden Sie zweimal 6 cm aus dem geflochtenen Gurtband. Falten Sie es zur Hälfte und ziehen Sie jedes durch einen Metallring. Stecken und heften Sie es auf beiden Seiten fest.

6. Zusammennähen der Tasche

Folgen Sie den Markierungen auf der Patte des Cords, setzen Sie diese auf die Rückseite der Tasche auf rechts auf die Paspel. Setzen Sie das Futter in die Tasche und heften Sie alle Lagen: Tasche, Paspel, Patte und Futter, wie in Zeichnung 5 angegeben. Steppen Sie die obere Seite der Tasche 2 mm vom Rand des Cords. Achten Sie darauf, nicht in die Paspel zu nähen.

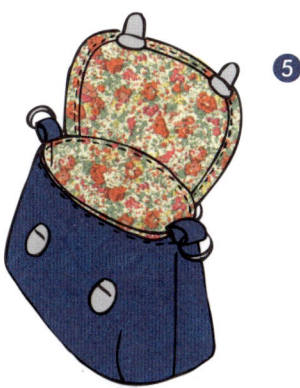

7. Anbringen des Henkels

Ziehen Sie den Henkel durch die Metallringe und legen Sie die Enden 1 cm um, stecken und steppen Sie zweimal, damit der Henkel gut hält. Binden Sie mit dem restlichen Schrägband (ca. 35 cm) eine hübsche Schleife um den Henkel.

Tipp
Falls Sie Nähanfängerin sind, können Sie die Tasche auch ohne Paspel nähen.

Léa rät
Ein schlichter Stoff für die Außenseite der Tasche und bunter Fantasiestoff für die Innenseite ist eine hübsche Kombination.

Materialien

Herausnehmbarer Schnitt am Ende des Buchs

- 76 x 29 cm weißgepunkteter Stoff (gelb oder blau)

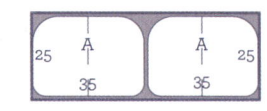

- 126 x 43 cm einfarbige Baumwolle (beige oder khaki)

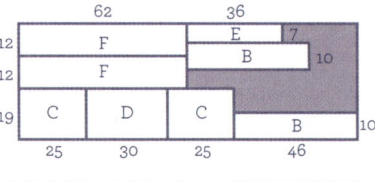

- 119 x 54 cm Futterstoff (beige oder blau)

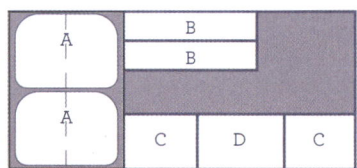

- 76 x 29 cm aufbügelbares Vlies

- Reißverschluss, 25 cm lang, passend zum einfarbigen Baumwollstoff (beige oder khaki)

- 4 D-Ringe aus Metall, 3 cm breit

- 260 cm kleingepunktetes Schrägband, passend zum gepunkteten Stoff (gelb oder blau)

- Zur einfarbigen Baumwolle passendes Garn (beige oder khaki)

- Zum Schrägband passendes Garn (gelb oder blau)

- Zeichenkarton

1. Vorbereitung der Teile

Übertragen Sie Schnittmuster A vollständig auf Zeichenkarton (siehe Seite 90). Bügeln Sie das Bügelvlies auf links des gepunkteten Stoffs, dann übertragen Sie auf links zweimal den Schnitt A. Zeichnen Sie mit Schneiderkreide die auf dem Schnittmuster angegebenen Markierungen ein. Übertragen Sie denselben Schnitt zweimal auf links des Futterstoffs. Schneiden Sie die Teile mit 1 cm Nahtzugabe aus. Schneiden Sie aus dem einfarbigen Stoff: zwei 10 x 46 cm große Rechtecke (Teil B: Oberseite der Tasche); zwei 25 x 19 cm große Rechtecke (Teil C: Seiten) und ein 30 x 19 cm großes Rechteck (Teil D: Boden); einen 36 x 7 cm langen Streifen (Teil E: Schlaufen) und zwei 62 x 12 cm lange Streifen (Teil F: Henkel). Übertragen Sie auf links des Futterstoffs: zweimal Teil B, zweimal Teil C und einmal Teil D.

2. Nähen der Henkel (Teile F)

Schlagen Sie links auf links die kurzen Seiten 1 cm ein und bügeln Sie sie. Falten Sie sie der Länge nach zur Häfte und bügeln Sie den Falz. Schlagen Sie rechts auf rechts die langen Seiten 3 cm ein und bügeln Sie sie. Steppen Sie die beiden langen Seiten 5 mm vom Rand (Zeichnung 1).

3. Anfertigen der Laschen und Schlaufen (Teil E)

Falten Sie das Teil der Länge nach zur Hälfte rechts auf rechts und bügeln Sie den Falz. Steppen Sie die lange, offene Seite 5 mm vom Rand (Zeichnung 2).

Schneiden Sie den erhaltenen Streifen in sechs Teile, um vier Schlaufen und zwei Laschen zu erhalten.

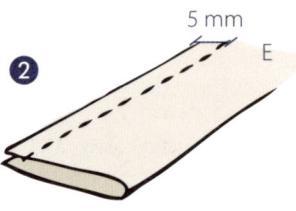

Wenden Sie die sechs Teile auf rechts und bügeln Sie sie mit der Naht zur Seite. Falten Sie sie zur Hälfte und bügeln Sie den Falz (Zeichnung 3).

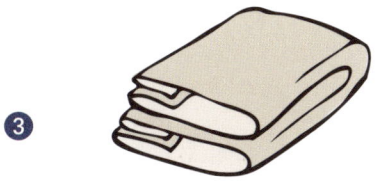

4. Zusammensetzen der Oberseite der Tasche (Teile B und Reißverschluss)

Stecken Sie die lange Seite B des einfarbigen Stoffs und den Reißverschluss rechts auf rechts zusammen. Dann stecken Sie eine lange Seite des Futterstoffs rechts auf links auf den Reißverschluss. Der Reißverschluss muss zwischen zwei rechten Stofflagen eingenommen sein. Nähen Sie nahe an den Zähnchen (Zeichnung 4).

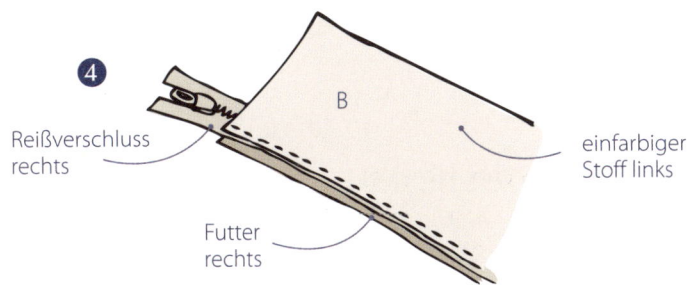

Reißverschluss rechts

einfarbiger Stoff links

Futter rechts

Wenden Sie auf rechts und bügeln Sie die Stoffe. Arbeiten Sie die beiden anderen Teile B auf die gleiche Weise (Zeichnung 5).

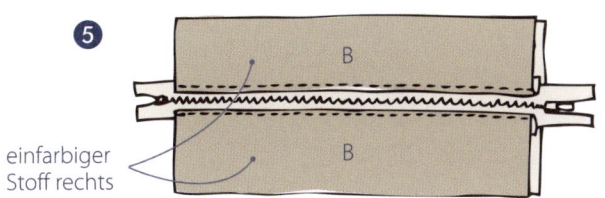

B

einfarbiger Stoff rechts

B

5. Zusammennähen der Seiten der Tasche (Teile C)

Stecken Sie eine kurze Seite des einfarbigen Stoffs C und die kurze Seite der Teile B aus einfarbigem Stoff rechts auf rechts zusammen. Falten Sie eine Lasche zur Hälfte, platzieren Sie sie mittig zwischen die beiden Teile und lassen Sie die Enden 1 cm überstehen. Stecken Sie anschließend auf dieselbe Art rechts auf rechts, eine kurze Seite des Futterstoffs C und die kurze Seite des Futterstoffs B: Die zusammengesetzten Teile B werden zwischen Teil C aus einfarbigem Stoff und Teil C aus Futterstoff eingenommen. Steppen Sie anschließend die vier Lagen Stoff und die Lasche 1 cm vom Rand (Zeichnung 6).

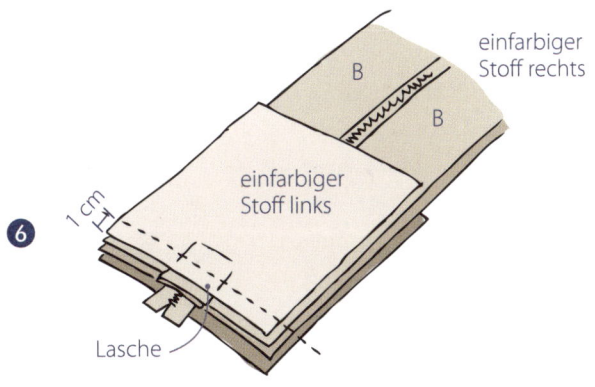

einfarbiger Stoff rechts

B

B

1 cm

einfarbiger Stoff links

Lasche

Nähen Sie die andere Seite der zusammengesetzten Teile B ebenso zusammen. Falls nötig, schneiden Sie den Reißverschluss etwas zurück. Wenden Sie die Teile C auf rechts und bügeln Sie sie. Steppen Sie im Geradstich 5 mm vom Falz, nehmen Sie alle Lagen ein (Zeichnung 7).

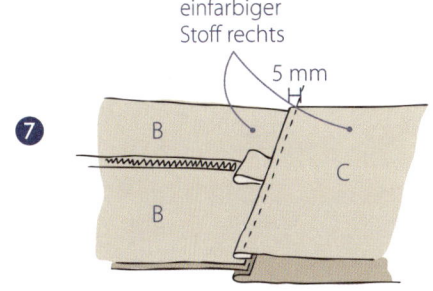

einfarbiger Stoff rechts

5 mm

B

C

B

6. Zusammensetzen des Bodens (Teile D)

Stecken Sie rechts auf rechts eine kurze Seite von D aus einfarbigem Stoff und eine kurze Seite von C des freien einfarbigen Stoffs. Stecken Sie anschließend auf die gleiche Weise, rechts auf rechts, die kurze Seite D des Futterstoffs und die kurze Seite C des freien Futterstoffs. Steppen Sie die vier Lagen 1 cm vom Rand zusammen. Wenden Sie die Teile C auf rechts und bügeln Sie sie. Arbeiten Sie das andere Ende auf die gleiche Weise, damit Sie einen geschlossenen Ring erhalten (Futter auf einer Seite, Stoff auf der anderen). Stecken Sie hierfür rechts auf rechts die Stoffe, wenden Sie dann den Boden auf links und steppen Sie die vier Stofflagen 1 cm vom Rand zusammen (Zeichnung 8). Von nun an werden die einfarbigen Stoffe (Außenseite der Tasche) und die Futterstoffe (Innenseite der Tasche) zusammen verarbeitet, wie ein einziger Stoff. Bringen Sie, falls nötig, zum besseren Zusammenhalt der Stoffe 2 mm vom Rand eine Naht im Geradstich an.

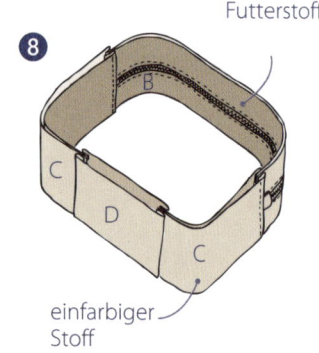

Futterstoff

8

einfarbiger Stoff

7. Zusammennähen der Seiten (Teile A)

Stecken Sie links auf links, ein Teil A Futterstoff und ein Teil A mit Bügelvlies unterlegtem, gepunktetem Stoff zusammen. Steppen Sie sie 5 mm vom Rand zusammen. Wenden Sie den Ring, der den Umriss der Tasche bildet: Den Futterstoff auf die Außenseite und den einfarbigen Stoff auf die Innenseite. Stecken Sie Futter auf Futter, um die Seiten A und den Ring rundum zusammenzusetzen, beachten Sie dabei, Taschenoberseite und Boden

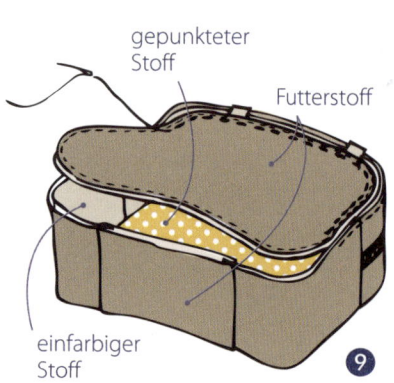

gepunkteter Stoff

Futterstoff

einfarbiger Stoff

9

genau zu zentrieren. Falten Sie eine erste Schlaufe zur Hälfte und ziehen Sie sie in den Ring zwischen den beiden Lagen auf Höhe der Markierung, lassen Sie den Enden 1 cm überstehen. Gehen Sie mit den anderen Schlaufen genauso vor, achten Sie darauf, dass sie sich genau gegenüber liegen. Heften Sie alles zusammen, beginnen Sie mit der Taschenoberseite, achten Sie vor allem auf die Rundungen (Zeichnung 9). Steppen Sie 1 cm vom Rand. Öffnen Sie den Reißverschluss. Nähen Sie die andere Seite A auf die gleiche Weise an. Heften Sie das Schrägband auf den inneren Rand des Umfangs der Tasche, um die Nähte einzunehmen (Zeichnung 10). Steppen Sie 5 mm vom Rand. Achten Sie darauf, nicht in die Außenseite der Tasche zu stechen. Entfernen Sie den Heftfaden.

Wenden Sie die Tasche durch die Reißverschlussöffnung auf rechts.

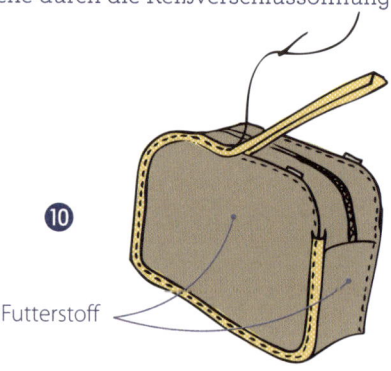

10

Futterstoff

8. Befestigung der Henkel

Ziehen Sie die Henkel durch die Metallringe, schlagen Sie die Enden 3 cm um und stecken Sie sie fest. Steppen Sie die beiden Lagen mit zwei Nähten zusammen: Eine am Ende des Bandes, die andere möglichst nahe am Metallring. Befestigen Sie den Henkel auf der anderen Seite ebenso.

Tipp
Sie können an diesem Modell auch einen Schulterriemen anbringen, den Sie mit Karabinerhaken an den Laschen befestigen.

Schmuckkästchen ★ ★ ★

- 40 x 130 cm
  auberginefarbener Stoff

- 35 x 60 cm gepunkteter,
  lavendelfarbener
  Baumwollpopeline

- 40 x 10 cm Liberty Stoff
  Betsy 2019 Farbe E

- Papier-Klebeband

- Klebeband

- Vinylkleber

- Schneidunterlage

- Metalllineal

- Cutter, Schere, Pinsel

- **Zuschnitt**

Grauer 2,5 mm starker Karton

- Boden: 33 x 17 cm

- lange Seiten: 2 Mal 33 x 4,5 cm

- kurze Seiten: 2 Mal 16,5 x 4,5 cm

- Deckel: 33,8 x 17,8 cm

- Innenseite Deckel: 32,5 x 4 cm

- Große Fachunterteilung: 32,5 x 4 cm

- Kleine Fachunterteilung: 2 Mal 11 x 4 cm

Weißer Zeichenkarton 250g/m²

Bekleben der Außenseite:
- 2 Mal 33 x 4,75 cm
- 2 x 17 x 4,75 cm

Boden der Fächer:
- 32 x 5 cm
- 3 Mal 10,5 x 10,5 cm

Unterseite des Kästchens:
- 32 x 16 cm

Schleife
- 33,6 x 3 cm
- 21 x 3 cm

1. Zusammensetzen des Kästchens

Schneiden Sie den Karton entsprechend der Vorlage aus. Kleben Sie die beiden langen Seiten auf den Boden, schieben Sie dann die beiden Seitenteile dazwischen (Zeichnung 1). Verstärken Sie die inneren und äußeren Stöße der Ecken mit Papier-Klebeband. Ebnen Sie die Außenseite des Kästchens (siehe Seite 91): bekleben Sie die vier Seiten mit Zeichenkarton, um möglichst glatte Flächen zu erhalten.

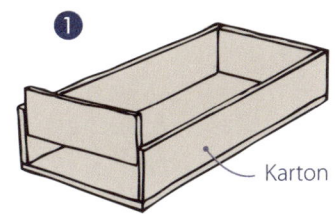

Karton

2. Beziehen des Kästchens

Schneiden Sie einen 102 x 13 cm langen Streifen aus dem einfarbigen Stoff aus. Bekleben Sie zunächst die Rückseite und eine kurze Seite des Kästchens mit dem Stoffstreifen so, dass er 1 cm auf die Vorderseite ragt und 1,5 cm nach unten übersteht.

Glätten Sie den Stoff mit der flachen Hand, um Luftblasen und Falten zu vermeiden. Verfahren Sie mit den anderen Seiten ebenso. Bevor Sie die zweite lange Seite überkleben, schlagen Sie das Ende des Stoffstreifens 1 cm nach innen um und überlappen Sie den bereits geklebten Stoff ein wenig (Zeichnung 2). Schneiden Sie die Ecken des überstehenden Stoffs bis 4 mm vor dem Kästchen schräg zurück (Zeichnung 3). Schlagen Sie sie ein und kleben Sie sie unter das Kästchen.

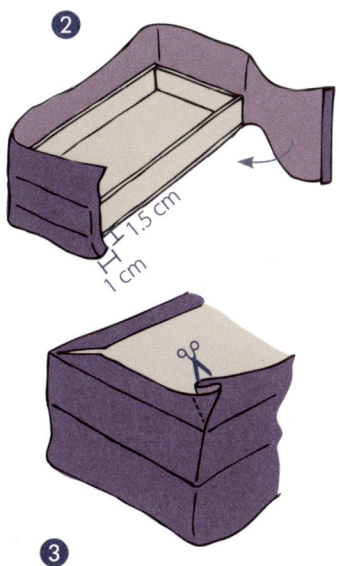

1,5 cm

1 cm

Schneiden Sie auf der Oberseite des Kästchens den überstehenden Stoff senkrecht zu den Ecken ein: Zeichnen Sie ein 2 mm breites Zünglein bis auf 2 mm zu jeder Ecke und schneiden Sie es aus (Zeichnung 4). Schlagen Sie den überstehenden Stoff ein und kleben ihn auf die Innenseite des Kästchens mit Ausnahme der Rückseite, wo er als Scharnier dienen wird.

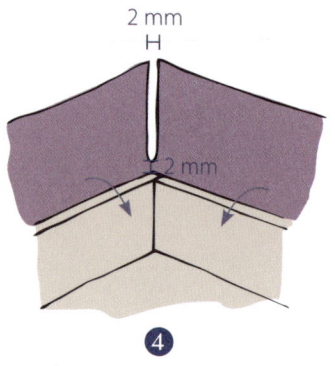

3. Bekleben und Einsetzen des Deckels

Schneiden Sie ein 37,3 x 21,3 cm großes Rechteck aus unifarbenem Stoff. Verteilen Sie gleichmäßig Kleber auf dem Deckel und bedecken ihn mit dem einfarbigen Rechteck, streichen Sie es glatt um Luftblasen und Falten zu vermeiden. Schneiden Sie die Ecken bis 4 mm vor dem Deckel schräg zurück. Schlagen Sie den Stoff unter den Deckel ein und kleben Sie ihn fest. Setzen Sie das Kästchen senkrecht auf die lange Rückseite, so dass das Scharnier geöffnet auf dem Tisch liegt. Setzen Sie den Deckel flach unter das äußere Scharnier und 4 mm unter das Kästchen. Kleber auf den Deckel und das äußere Scharnier darauf (Zeichnung 5).

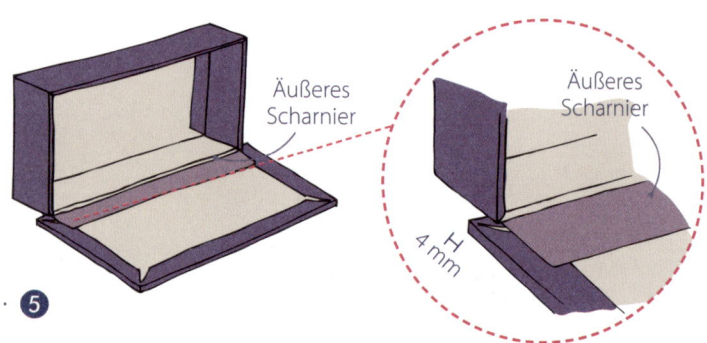

Äußeres Scharnier

Äußeres Scharnier

H 4 mm

4. Anbringen des inneren Scharniers

Schneiden Sie einen 32,5 x 8 cm großen Streifen aus dem unifarbenen Stoff. Versäubern Sie die Enden mit Kleber und kürzen Sie sie, um eine Länge von 32 cm zu erhalten (siehe Seite 91).

Geben Sie Kleber auf die lange Innenseite des Kästchens. Kleben Sie den Stoff auf und lassen Sie 1,5 cm unten überstehen. Schlagen Sie den Stoff auf die Innenseite des Kästchens ein und kleben Sie Ihn fest. Schlagen Sie anschließend den oben überstehenden Stoff (inneres Scharnier) ein und kleben ihn fest, dabei bedecken Sie das äußere Scharnier (Zeichnung 6).

Inneres Scharnier auf äußerem Scharnier

5. Beziehen und Einsetzen der Unterteilungen

Setzen Sie die Unterteilungen in das Kästchen. Zeichnen Sie die Unterteilung auf dem Boden des Kästchens ein (Zeichnung 7).

- große Unterteilung

Geben Sie Kleber auf die Seiten der großen Unterteilung und setzen Sie sie an die bereits eingezeichnete Stelle. Schneiden Sie einen 33 x 11 cm langen Streifen aus dem gepunkteten Stoff, bekleben Sie die Enden und schneiden Sie ihn auf 32,5 cm zurück. Falten Sie den Stoff der Länge nach zur Hälfte, prägen einen Falz und öffnen den Stoff wieder. Geben Sie Kleber auf eine Seite der großen Unterteilung und kleben Sie eine der Stoffhälften darauf: Schneiden Sie die gefaltete Basis unten schräg zurück, falls nötig. Geben Sie Kleber auf die andere Seite, schlagen Sie den Stoff darüber und streichen Sie ihn sorgfältig glatt, damit es keine Blasen gibt.

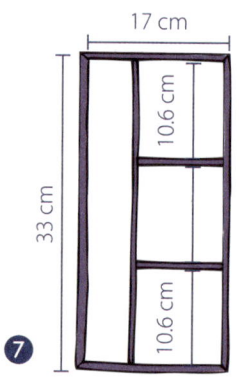

17 cm

10.6 cm

33 cm

10.6 cm

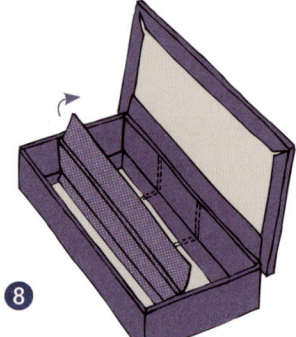

- kleine Unterteilungen

Geben Sie Kleber auf die beiden Seiten der Unterteilung und setzen Sie sie in das Kästchen. Schneiden Sie zwei 11,5 x 11 cm große Rechtecke aus dem gepunkteten Stoff, versäubern Sie mit Textilkleber die Ränder und schneiden Sie sie zurück, damit Sie eine Breite von 11 cm erhalten. Beziehen Sie die beiden kleinen Unterteilungen auf die gleiche Art wie die große.

6. Schleife

Schneiden Sie einen 39 x 3,5 cm langen Streifen aus Liberty Stoff. Setzen Sie einen 33,6 x 3 cm großen Zeichenkarton mittig auf links des Stoffstreifens. Schlagen Sie den Stoff auf beiden langen Seiten des Kartons über die gesamte Länge ein. Setzen Sie den erhaltenen Streifen mit dem Zeichenkarton, 4,5 cm vom hinteren Rand, auf die Oberseite des Deckels, links auf rechts. Kennzeichnen Sie leicht die vorgesehene Stelle und kleben Sie zunächst das Teil mit dem Zeichenpapier auf. Geben Sie Kleber auf die kleinen Seiten und schlagen Sie den Stoff unter den Deckel um. Schneiden Sie zwei 13 x 3,5 cm lange Streifen aus Liberty Stoff. Schlagen Sie die langen Seiten 5 mm ein und bügeln Sie sie. Falten Sie den Stoff zur Hälfte parallel zu den kurzen Seiten, bügeln Sie den Falz und öffnen Sie ihn wieder. Kleben Sie die beiden Bänder über die beiden kurzen Seiten des Kästchens in der Verlängerung der Schleife des Deckels. Schlagen Sie den überstehenden Stoff unter dem Kästchen ein.

7. Ausarbeitung

- Unterseite des Deckels

Schneiden Sie ein 35 x19 cm großes Rechteck aus dem gepunkteten Stoff. Geben Sie Kleber auf die Unterseite des Deckels und beziehen Sie ihn mit dem Rechteck aus gepunktetem Stoff, streichen Sie den Stoff glatt, um Luftblasen und Falten zu vermeiden. Schneiden Sie die Ecken im 45° Winkel bis 4 mm vor dem Karton schräg ein. Schlagen Sie den Stoff um und kleben ihn unter den Karton. Kleben Sie ihn mittig unter den Deckel, stellen Sie dabei sicher, dass der Deckel gut schließt.

-Boden der Unterteilungen

Schneiden Sie drei 12,5 x 12,5 cm große Quadrate und ein 34 x 7 cm großes Rechteck aus dem gepunkteten Stoff aus. Geben Sie Kleber auf den für den Boden vorgesehenen Zeichenkarton und kleben Sie den gepunkteten Stoff darauf, glätten Sie ihn, schneiden Sie die Ecken im 45° Winkel bis 2 mm vor dem Zeichenkarton zurück, schlagen Sie den Stoff um und kleben die Enden unter den Karton. Kleben Sie die 4 bezogenen Kartons auf den Boden der Unterteilungen.

- Unterseite des Kästchens

Schneiden Sie ein 33 x 17 cm großes Rechteck aus dem unifarbenen Stoff. Geben Sie Kleber auf die Unterseite des Kästchens und legen das unifarbene Rechteck darüber, glätten Sie es, schneiden Sie die Ecken bis 2 mm vom Zeichenkarton im 45° Winkel ein, schlagen Sie den Stoff um und kleben Sie die Enden fest. Kleben Sie ihn mittig auf die Unterseite des Kästchens.

8. Zierschleife

Schneiden Sie einen 22 x 7 cm Streifen aus Liberty Stoff. Bekleben Sie eine lange Seite und schneiden Sie sie zurück, um einen 22 x 6,5 cm langen Streifen zu erhalten. Überziehen Sie den 21 x 3 cm langen Kartonstreifen mit dem Liberty Stoff (Zeichnung 9), achten Sie darauf, dass die lange versäuberte Seite oben liegt.

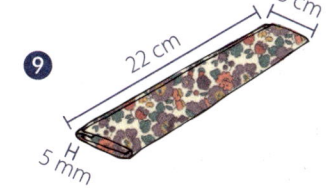

Bilden Sie mit dem Streifen einen Ring und kleben Sie die Enden mit Klebeband zusammen. Schneiden Sie einen 3 x 7 cm langen Streifen aus einfarbigem Stoff und schlagen Sie die langen Seiten ein, der Streifen ist jetzt 2 x 7 cm breit. Nehmen Sie den Ring aus Liberty Stoff in der Mitte zusammen, kleben Sie ihn und halten Sie ihn mit dem Streifen aus unifarbenem Stoff zusammen (Zeichnung 10). Setzen Sie die Schleife 6 cm von der kurzen, rechten Seite des Deckels auf den Streifen aus Liberty Stoff, wie bei einem Geschenk!

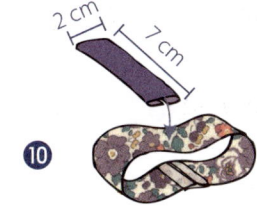

Materialien

- Zu den Stoffen passendes Garn, Textilkleber, Seitenschneider, Flachzange, starker Klebstoff zum Kleben von Schmuck (wie Araldite®)

Für einen Ring

- 1 Ring mit Trägerplatte aus Messing
- 1 Abschlussklemme für Bänder aus Messing

Für ein Armband

- 6 x 1,5 cm Suedine (Schleife)
- 1 Messingkugel, Loch mindestens 5 mm Durchmesser
- Dünne Kette aus Messing (Umfang Handgelenk + 5 cm)
- Zwei Spaltringe mit 5 mm Durchmesser
- 1 Verschluss 1 cm
- 1 Flachkopfstift aus Messing
- 1 kleine passende Perle mit 3 mm Durchmesser

1. Fertigen der Schleife

Falten Sie das Rechteck aus Suedine zur Hälfte parallel zu den kurzen Seiten und nähen Sie die Enden bündig zusammen (Zeichnung 1). Fixieren Sie die Schleife mit einem Stich in der Mitte, um sie zusammen zu halten (Zeichnung 2).

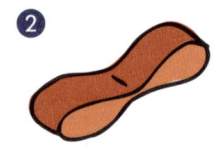

2. Ring

Entfernen Sie mit einem Seitenschneider die Öse von der Bandklemme (Zeichnung 3). Drücken Sie die Suedine mit zwei Fingern in der Mitte zusammen und bilden so eine Schleife, setzen Sie die Klemme um die Schleife und drücken Sie sie mit einer Flachzange zusammen. Geben Sie starken Kleber auf die Unterseite der Schleife und den Träger des Rings. Setzen Sie dann die beiden Teile zusammen (Zeichnung 4).

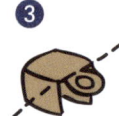

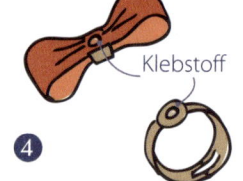

Klebstoff

3. Armband

Ziehen Sie eine ca. 17 cm lange Kette (entsprechend dem Umfang des Handgelenks) in die Kugel aus Metall. Ziehen Sie anschließend das Stück Suedine in die Kugel und setzen es mittig, um eine hübsche Schleife zu bilden. Setzen Sie einen Spaltring an eines der Enden der Kette. Bevor Sie den Ring schließen, setzen Sie ein weiteres Stück Kette von 2 cm Länge daran. Schließen Sie den Ring. Fädeln Sie die kleine Perle auf den Flachkopfstift. Kürzen Sie ihn mit dem Seitenschneider bis auf 8 mm vor der Perle und bilden Sie eine Öse mit der Rundzange, aber schließen Sie sie nicht vollständig (Zeichnung 5). Ziehen Sie die Öse durch das Ende des 2 cm langen Kettenstücks und schließen Sie sie. Probieren Sie die Kette an, um die richtige Länge herauszufinden. Setzen Sie ans andere Ende der langen Kette einen Spaltring und einen kleinen Verschluss (Zeichnung 6).

Chloé rät
Ich habe für den Schmuck Messing gewählt. Selbstverständlich können Sie den Schmuck auch in silber-, gold- oder kupferfarbenem Metall arbeiten.

Glücksbringer ★ ☆ ☆

Materialien

Motive auf Seite 92

- 10 x 5 cm Filz in drei unterschiedlichen Farben: violett, blau, grün
- Zum Filz passende Stoffreste aus Liberty Stoff
- Zum Filz passendes Garn
- 1 silberfarbener Karabiner
- 10 cm Silberkette
- 1 großer Schlüsselring mit 2,5 cm Durchmesser
- 6 Schlüsselringe 8 mm Durchmesser
- 3 Spaltringe 5 mm Durchmesser
- 3 silberfarbene Ösen 8 mm Durchmesser
- 3 Anhänger (1 blauer Stern und zwei Emailleplättchen in grün und rosa)
- Seitenschneider

❶

1. Vorbereitung der Teile

Übertragen Sie das Motiv einmal vollständig, mit allen Details, und einmal nur den Umriss auf den Filz. Schneiden Sie mit dem Cutter die Öffnungen (Tür und Fenster des Hauses, Autofenster oder den Griff des Koffers) nur aus einem der beiden Filzteile aus (Zeichnung 1).

2. Einsetzen des Liberty Stoffs

Schneiden Sie kleine Rechtecke aus Liberty Stoff in der Größe der ausgeschnittenen Felder zuzüglich 3 mm aus. Bringen Sie auf der Rückseite des Filzes ein wenig Kleber um die ausgeschnittenen Felder an. Setzen Sie die Liberty Stoff Teile rechts auf links auf den Filz, so dass die bedruckte Seite auf der rechten Seite des Filzes zu sehen ist. Kleben Sie die Rückseite des Glücksbringers darüber. Übersteppen Sie im Geradstich alle Teile mit einem zum Filz passenden Garn; folgen Sie dabei der gestrichelten Linie auf der Vorlage.

❷   Stoff links

Filz links

3. Einsetzen der Ösen

Kennzeichnen Sie die für die Öse vorgesehene Stelle (siehe Fotographie und Vorlage). Schneiden Sie mit dem Cutter den Filz kreuzweise ein. Setzen Sie die beiden Teile der Öse auf das mitgelieferte Werkzeug. Legen Sie die Arbeit auf eine stabile Unterlage oder auf den Boden und schlagen Sie mit einem Hammer die Öse ein.

4. Zusammensetzen

Schneiden Sie die Kette in drei Teile von 4, 3 und 2 cm Länge und setzen Sie einen Spaltring mit 8 mm Durchmesser an beiden Enden ein. Fügen Sie einen Spaltring und einen Anhänger an einem der Enden der drei Ketten hinzu und befestigen Sie sie am großen Schlüsselring mit 2,5 cm Durchmesser ebenso wie den Karabiner. Befestigen Sie an den freien Enden der drei Ketten die Glücksbringer.

Motiv auf Seite 95

- 15 x 45 cm silberfarbenes Skai
- 20 x 40 cm roter Liberty Stoff Wiltshire Farbe S
- 1 Knopf in Form einer rosa Perle
- 10 cm feines, dunkelgraues Gummiband

- Zum Skai passendes Garn
- Textilkleber
- Cutter
- Zeichenkarton

1. Anfertigen des silbernen Etuis

Schneiden Sie ein 11 x 42 cm großes Rechteck aus Skai aus. Übertragen Sie das Brillenmotiv auf Zeichenkarton und schneiden Sie es mit dem Cutter aus. Schneiden Sie dabei nicht in die Stege (Zeichnung 1). Übertragen Sie das Brillenmotiv mit Hilfe der Schablone mittig auf die rechte Seite des Skais, 5,5 cm von der kurzen Seite entfernt. Schneiden Sie das Brillenmotiv mit dem Cutter aus. Bewahren Sie die Brillengläser gut auf.

2. Hintergrund

Schneiden Sie ein 15 x 6 cm großes Rechteck aus Liberty Stoff. Kleben Sie das Rechteck aus Liberty Stoff rechts auf links auf das Skai anstelle der zuvor ausgeschnittenen Brille. Kleben Sie die beiden Brillengläser auf rechts des Liberty Stoffs, um das vollständige Motiv zu erhalten (Zeichnung 2). Übersteppen Sie im Geradstich die Brillengläser mit ein paar Stichen, was es wie die Spiegelung der Gläser aussehen lässt und auch über das Gestell, damit das Motiv besser hält.

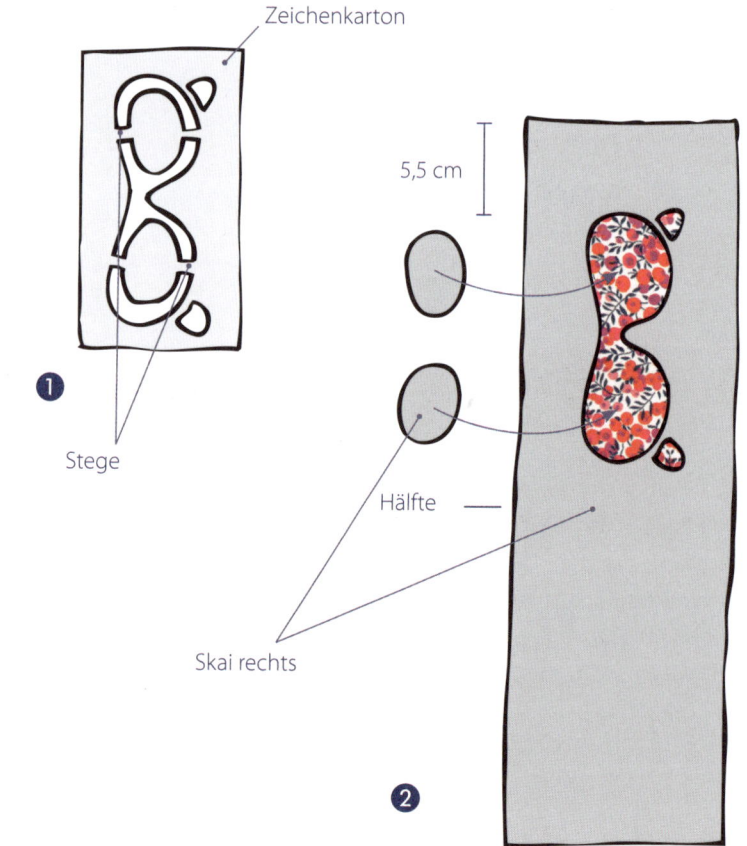

Zeichenkarton

Stege

①

5,5 cm

Hälfte

Skai rechts

②

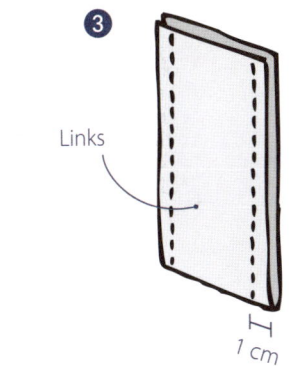

3. Nähen des Etuis und des Futters

Falten Sie das Rechteck aus Skai der Breite nach zur Hälfte rechts auf rechts und steppen Sie die langen Seiten 1 cm vom Rand (Zeichnung 3). Schneiden Sie ein 11 x 38 cm großes Rechteck aus Liberty Stoff für das Futter. Falten Sie es zur Hälfte rechts auf rechts und steppen Sie die langen Seiten 1 cm vom Rand.

4. Zusammensetzen

Schneiden Sie auf der Rückseite des Etuis aus Skai (die Seite ohne Motiv), mittig, 2,5 cm vom Rand, einen 3 mm breiten Schlitz. Dieser Schlitz ist für den Gummi als Verschluss, warten Sie jedoch bis zum Ende der Arbeit bis Sie den überstehenden Gummi abschneiden. Schlagen Sie vom Skai Etui 2 cm links auf links um. Sie können auch zwei 9 x 0,5 cm lange Streifen aus Zeichenkarton schneiden, sie links auf das Skai kleben und gut flach drücken, so erhalten Sie einen sauberen Falz (Zeichnung 4 und 5). Wenden Sie das Etui aus Skai auf rechts und schieben Sie das Futter in das Etui. Schlagen Sie 2 cm des Skai über das Futter. Markieren Sie auf der Vorderseite des Etuis (das mit dem Motiv) mittig, 1 cm vom Rand, die Stelle für den Knopf. Regulieren Sie die Länge des Gummibands, damit dieser bei geschlossenem Etui gut gespannt ist. Legen Sie eine Schlaufe und schieben Sie die Enden in den Schlitz, lassen Sie 2 cm der Schlaufe überstehen. Steppen Sie alle Lagen (Etui aus Skai, Futter aus Liberty Stoff und Gummiband) 1,5 cm vom Rand zusammen. Nähen Sie den Knopf auf die Markierung. Legen Sie den Gummi um den Knopf. Verknoten Sie die beiden Enden des Gummibandes nah an der Naht und schneiden Sie das überstehende Band 1 cm vom Knoten ab.

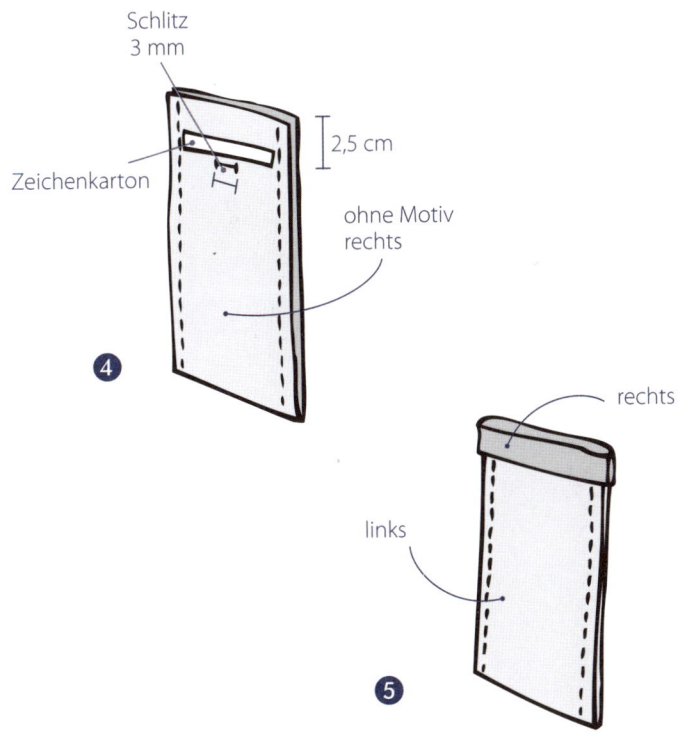

Wichtig

Der Knopf muss als Letztes angenäht werden, sonst können Sie den oberen Teil des Etuis nicht mit der Maschine nähen.

Chloé rät

Sie können statt Skai auch Suedine verwenden. Das ist weich im Griff und franst beim Zuschnitt nicht aus.

Babys Welt

Anleitung für das Wolken-Mobile Seite 74

Anleitung für den Katzenbeutel Seite 76

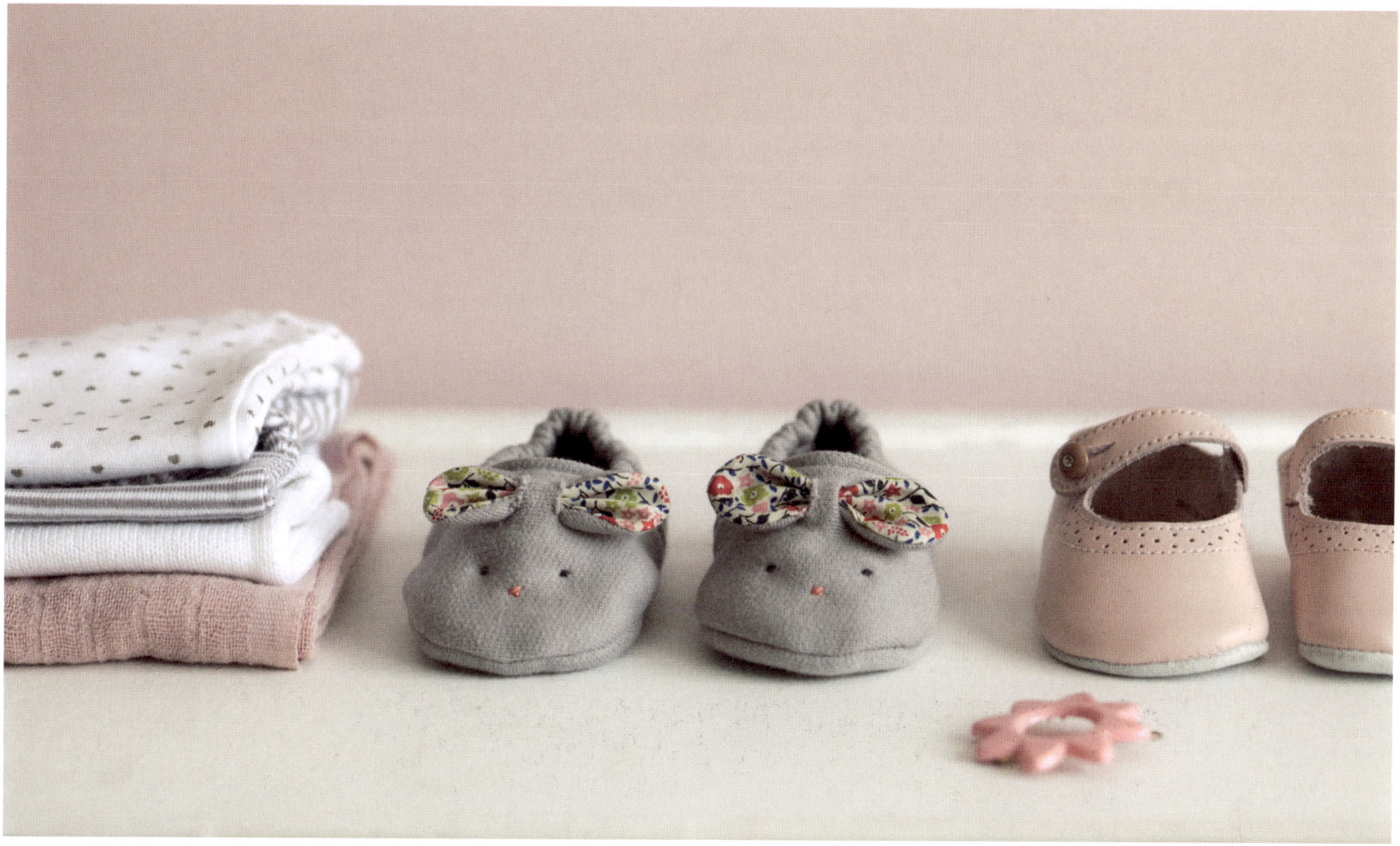

Anleitung für die Mäuschen-Hausschuhe Seite 78

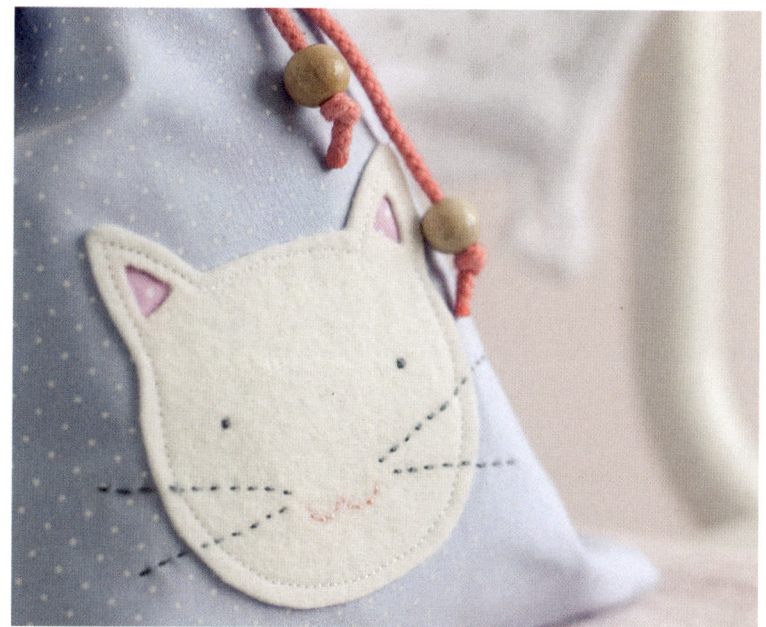

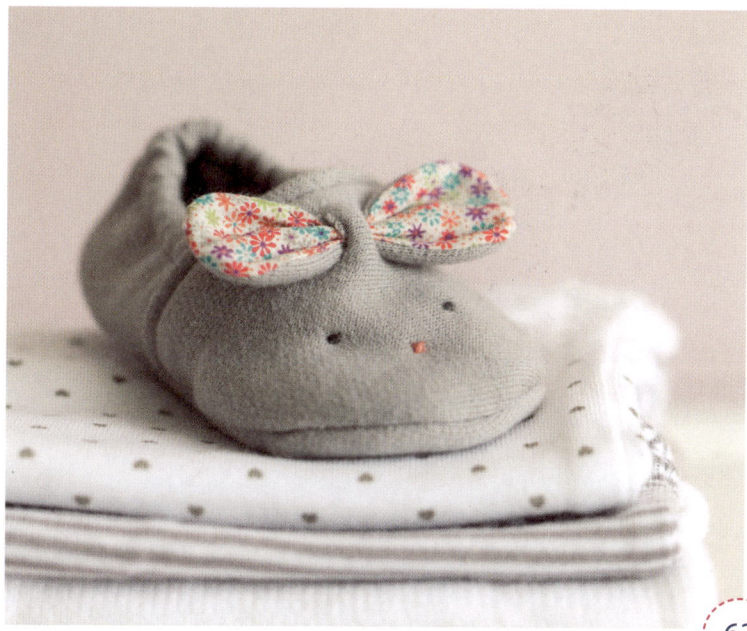

Anleitung für das Nestchen „Wolke 7" Seite 80

Anleitung für die Buchstabenbilder Seite 84

Anleitung für die Bettchen-Kette Seite 86

Anleitung für den Hamburger Seite 88

Anleitung für die Mäuschen-Hausschuhe Seite 78

Anleitung für Babys Badetuch Seite 83

Materialien

Motiv auf Seite 95.

- 20 x 13 cm vier unterschiedliche Baumwoll-stoffe (passend zum Nestchen): hellgrau, gelb, lila mit weißen Punkten, weiß mit hellgrauen Streifen
- 20 x 13 cm weißer Baumwoll-Piqué
- 4 m weißes Satinband, 3 mm breit
- 13 Naturholzperlen mit 1,2 cm Durchmesser

- 1 große Naturholzperle mit 8 cm Durchmesser
- 1 Holzstickrahmen mit 25 cm Durchmesser
- Füllwatte
- Textilkleber
- Acrylfarbe violett und gelb
- Pinsel

1. Zusammensetzen der Wolken

Schneiden Sie jeweils zwei 13 x 10 cm große Rechtecke aus jedem Stoff aus. Stecken Sie jeweils die passenden Rechtecke eines Stoffs zusammen. Übertragen Sie auf eine der Seiten das Wolkenmotiv. Verarbeiten Sie den weißen Stoff mit den Streifen quer im 45° Winkel, richten Sie den Stoff mit einem Winkellineal aus. Schneiden Sie fünf 27 cm lange Abschnitte aus Satinband. Nehmen Sie 3 cm des Bandendes an der Oberseite jeder Wolke mittig zwischen den beiden Stoffen ein (Zeichnung 1). Stecken Sie das Band fest und steppen Sie auf der Linie, lassen Sie an der Unterseite der Wolke eine Öffnung von 5 cm zum Ausstopfen. Schneiden Sie die Wolke 1 cm von der Naht entfernt aus. Stopfen Sie jede Wolke mit Füllwatte aus. Wolken nicht schließen.

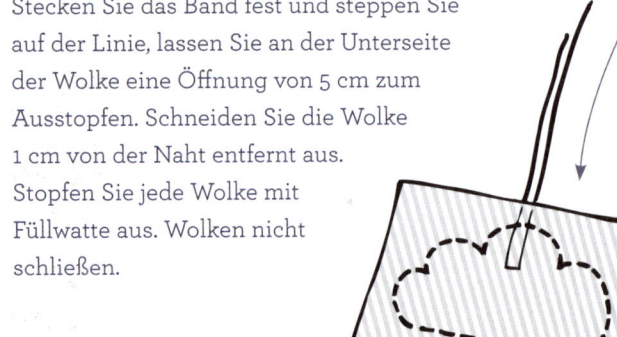

2. Anordnung der Bänder und Perlen

Schneiden Sie neun 15 cm lange Abschnitte Satinband. Bringen Sie diese in beliebiger Anordnung an der Unterseite der Wolken an, wie auf Zeichnung 2 angegeben. Stecken Sie sie fest und steppen Sie über die Öffnung, um diese zu schließen und gleichzeitig die Bänder einzunehmen. Versäubern Sie die Ränder der Wolken mit Kleber (siehe Seite 91): tragen Sie mit einem Pinsel Kleber auf 7 mm auf, wenn der Kleber getrocknet ist schneiden Sie den Rand 5 mm von der Naht entfernt zurück, um zu verhindern, dass der Stoff ausfranst. Achten Sie darauf, nicht in die Bänder zu schneiden.

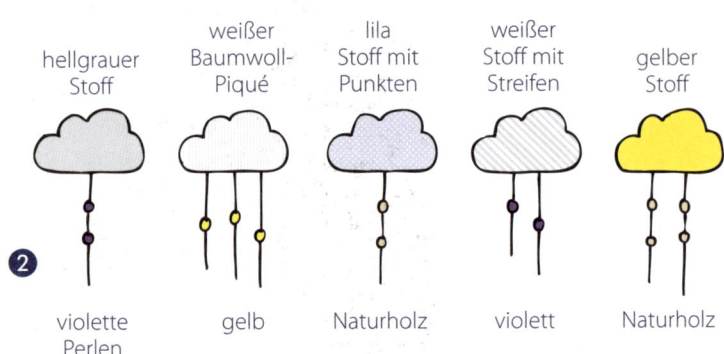

hellgrauer Stoff — violette Perlen
weißer Baumwoll-Piqué — gelb
lila Stoff mit Punkten — Naturholz
weißer Stoff mit Streifen — violett
gelber Stoff — Naturholz

Malen Sie drei Perlen gelb und zwei violett an. Fädeln Sie alle Perlen auf die Satinbänder unter den Wolken, wie in Zeichnung 2 angegeben. Sichern Sie jede Perle mit einem kleinen Knoten, schneiden Sie die Bänder schräg ab und passen so die Länge an.

3. Befestigung der oberen Bänder

Bei einem Stickrahmen mit 25 cm Durchmesser beträgt der Abstand zwischen den drei Bändern 26,1 cm: Umfang geteilt durch drei. Zeichnen Sie mit einem Stift die entsprechenden Stellen ein. Schneiden Sie drei 35 cm lange Abschnitte Satinband. Wickeln Sie die Bänder um den Stickrahmen an der Stelle der Markierung und kleben Sie sie fest (Zeichnung 3). Bilden Sie eine Schleife aus einem der Bänder und verknoten Sie sie mit den beiden anderen Bändern. Verstecken Sie den Knoten unter einer großen Perle. Falls nötig, befestigen Sie die Perle mit etwas Kleber.

4. Befestigung der Bänder mit den Wolken

Hängen Sie den Rahmen an der Schlaufe auf. Verteilen Sie die Wolken in regelmäßigen Abständen auf dem Ring und befestigen Sie sie mit einer Stecknadel. Setzen Sie das Bandende auf die Innenseite und die Wolke auf die Außenseite des Rings, so sieht man die Befestigung nicht (Zeichnung 4). Hängen Sie die Bänder in einer Länge an den Rahmen, befestigen Sie sie mit einem Stich von Hand 1,5 cm von der Schlaufe entfernt (Zeichnung 5) und schneiden Sie das Band 1,5 cm vom Stich ab. Die Bänder können wahlweise auf dem Ring verschoben werden oder Sie können sie mit etwas Kleber fixieren.

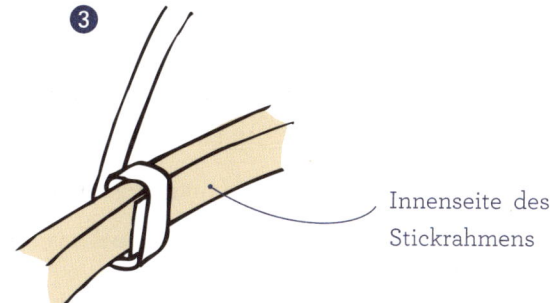

Innenseite des Stickrahmens

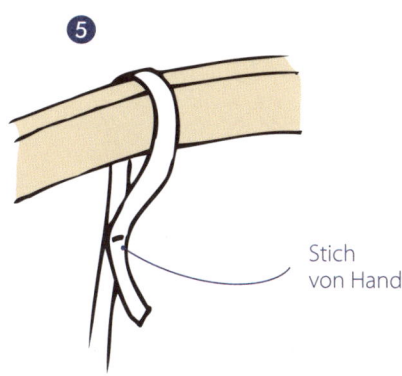

Stich von Hand

Herausnehmbares Motiv am Ende des Buchs

- 42 x 22 cm hellblauer Stoff mit weißen Punkten
- 42 x22 cm hellblauer Stoff (Futter)
- 3 x 2 cm rosafarbener Stoff mit weißen Punkten
- 10 x 10 cm weißer Filz
- 10 x 10 aufbügelbares Vlies
- 45 cm rosafarbenes Schrägband aus Liberty Stoff Mauvey B-0025-C

- 55 cm rosafarbene Baumwollkordel mit 3 mm Durchmesser
- Rosafarbenes Stickgarn (Mouliné special DMC 3112)
- Dunkelblaues Stickgarn (Mouliné special DMC 3799)
- Weißes Nähgarn
- 2 Holzperlen mit 12 mm Durchmesser
- Sicherheitsnadel, Textilkleber

1. Filzkatze

Fixieren Sie mit dem Bügeleisen das aufbügelbare Vlies auf der linken Seite des Filzes. Übertragen Sie das Katzenmotiv auf links des Bügelvlieses (siehe Seite 90). Schneiden Sie mit einer Schere den Umriss des Motivs und das Innere der Ohren aus. Übertragen Sie den Umriss des Ohreninneren zweimal auf den rosafarbenen Stoff und schneiden Sie die Teile mit einer Zugabe von 3 mm aus. Fixieren Sie den rosa Stoff mit Textilkleber rechts auf links auf dem verstärkten Filz. Sticken Sie mit rosafarbenem Stickgarn das Schnäutzchen im Vorstich (siehe Seite 91). Sticken Sie mit dem blauen Stickgarn mehre enge Stiche für die Augen.

2. Nähen des Beutels und des Futters

Falten Sie den hellblauen, gepunkteten Stoff links auf links zur Hälfte, parallel zu den kurzen Seiten. Setzen Sie die Filzkatze mittig in der Breite links auf rechts, den unteren Rand des Katzenkopfs 4 cm vom Falz entfernt. Befestigen Sie ihn mit etwas Textilkleber (Zeichnung 1).

Falten Sie den Stoff auf und steppen Sie den Umriss der Katze im Geradstich 3 mm vom Rand. Sticken Sie anschließend mit blauem Stickgarn den Schnurrbart der Katze im Vorstich (siehe Seite 91).

Falten Sie den blauen, gepunkteten Stoff (mit der Katze) rechts auf rechts, parallel zu den kurzen Seiten und steppen Sie die langen Seiten 1 cm vom Rand entfernt. Wenden Sie den Beutel auf rechts.

Arbeiten Sie das Futter aus hellblauem Stoff ebenso, jedoch ohne den Beutel zu wenden. Schneiden Sie die Nahtzugabe auf 5 mm vor der Naht zurück und öffnen Sie die Nähte mit dem Bügeleisen.

3. Zusammensetzen des Beutels

Setzen Sie das unifarbene Futter, noch immer auf links, in das Innere des gepunkteten Beutels. Stecken und steppen Sie die beiden Beutel 3 mm vom Rand zusammen. Schneiden Sie 5 cm aus dem Liberty Stoff diagonal aus. Stecken Sie ihn auf den Rand der Vorderseite der Tasche (die Seite mit der Katze), mittig auf die rechte Seitennaht. Befestigen Sie den Stoff mit etwas Kleber (Zeichnung 2).

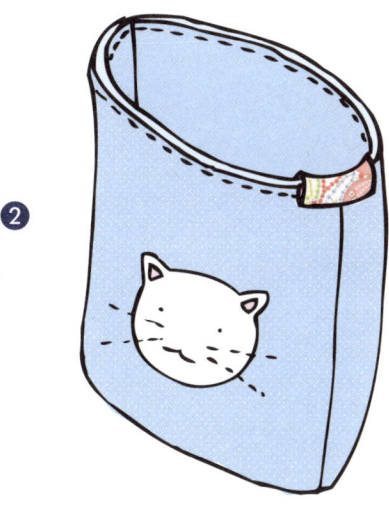

4. Anfertigen der Kordel

Ziehen Sie mit einer Sicherheitsnadel die Kordel durch den Tunnelzug. Fädeln Sie jeweils eine Perle auf die Enden der Kordel. Schneiden Sie, falls nötig, die Enden ab und geben Sie Kleber darauf, damit sie nicht ausfransen. Sichern Sie die Perle am Ende der Kordel mit einem Knoten.

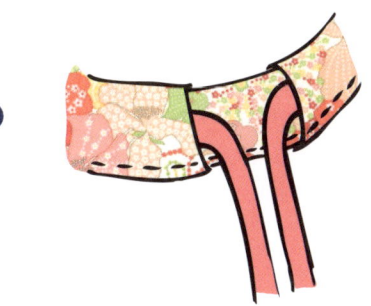

An die übrigen 40 cm Schrägband, bügeln Sie zwei Umschläge von je 2 cm an beide Enden. Befestigen Sie die Umschläge mit Textilkleber. Falten Sie das Schrägband zur Hälfte und setzen Sie den Falz auf die linke seitliche Naht der Vorderseite des Beutels (die Seite mit der Katze). Stecken Sie das Schrägband rundum auf den Beutelrand. Steppen Sie das Schrägband 2 mm vom unteren Rand, nehmen Sie alle Lagen ein (Zeichnung 3).

Mäuschen-Hausschuhe ★★☆

Materialien

Schnitt auf Seite 93

- 106 x 22 cm grauer Baumwolljersey
- 22 x 9 cm Liberty Stoff Fairford Farbe D oder Rania Farbe A

- Zum Baumwolljersey passendes Garn
- Dunkelgraues Stickgarn (Mouliné Special DMC 3799)
- Rosafarbenes Stickgarn (Mouliné Special DMC 3712)
- 2 Mal 15 cm flaches Gummiband, 5mm breit
- 106 x 22 cm grauer Baumwolljersey

1. Vorbereitung der einzelnen Teile

Schneiden Sie aus grauem Baumwolljersey die Teile für beide Haus-schuhe entsprechend dem Schnittmuster aus: vier 15 x 9 cm große Rechtecke (Sohlen); vier 14 x 9 cm große Rechtecke (Oberseiten); zwei 14 x 8 cm große Rechtecke (Fersen).

2. Sohle

Stecken Sie die beiden Teile der Sohle links auf links zusammen. Übertragen Sie Schnitt A auf rechts einer der Seiten (siehe Seite 90). Steppen Sie auf den Linien (Zeichnung 1) und schneiden Sie die Sohlen 5 mm vor der Naht aus.

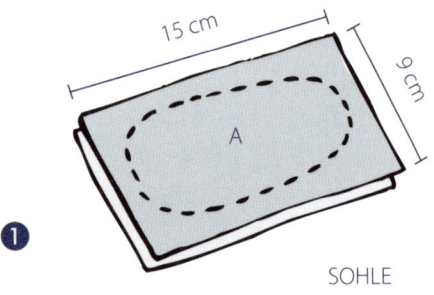

SOHLE

3. Ferse

Falten Sie ein Teil für die Ferse der Länge nach zur Hälfte und bügeln Sie den Falz. Steppen Sie im Geradstich 1 cm vom Falz für den Tunnelzug und ein weiteres Mal 3 mm vom Rand. Ziehen Sie mit einer kleinen Sicherheitsnadel das Gummiband in den Tun-nelzug. Lassen Sie die Enden überstehen. Steppen Sie 3 mm vom Rand eine der kleinen Seiten des Baumwollteils und nehmen Sie das Gummiband mit ein (Zeichnung 2). Kräuseln Sie das Teil, indem Sie am andern Ende des Gummibands ziehen, bis Sie ein Teil von 12 cm Länge erhalten.

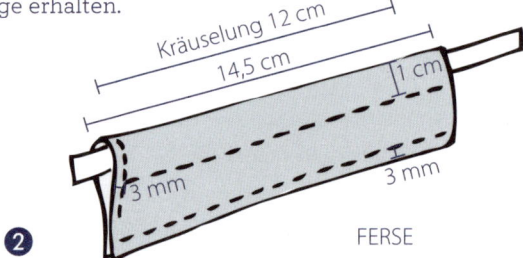

FERSE

Steppen Sie 3 mm vom Rand der anderen kurzen Seite des Baum-wollteils und nehmen Sie das Gummiband mit ein. Schneiden Sie die Enden des Gummibands nahe an der Naht zurück.

4. Oberseite

Schlagen Sie eine der langen Seiten der Oberteile ein und bügeln Sie diese. Stecken Sie sie links auf links und übertragen Sie den Schnitt B auf rechts einer der Seiten, legen Sie dafür den Schnitt an den umgeschlagenen Rand. Steppen Sie auf der Linie bis 1 cm vor dem umgeschlagenen Rand (Zeichnung 3). Schneiden Sie die Nahtzugabe bis 5 mm vor der Naht zurück.

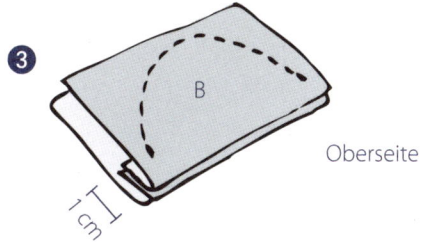

Oberseite

5. Zusammensetzen der Ferse und der Oberseite

Stecken Sie, auf rechts, zwischen die Oberseiten den Hausschuhe 1 cm der kurzen Seiten der Ferse fest, um beide Teile zusammen zu halten. Steppen Sie das Oberteil der Hausschuhe mit der Ferse 5 mm vom Rand zusammen (Zeichnung 4).

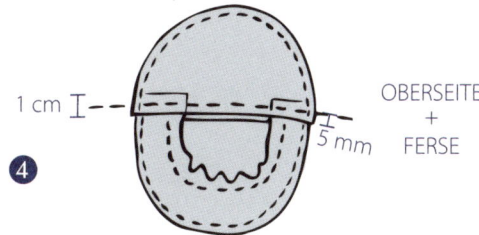

1 cm

OBERSEITE + FERSE

5 mm

6. Zusammensetzen der Sohle

Setzen Sie die Oberseite und die Ferse auf die Sohle (es gibt kein rechts oder links dieser Teile). Stecken Sie die Teile und heften Sie sie, damit die Formen genau stimmen. Steppen Sie die Teile zusammen und wenden Sie den Hausschuh auf rechts (Zeichnung 5).

OBERSEITE + FERSE

SOHLE

7. Vorbereitung der Ohren

Übertragen Sie Schnitt C einmal auf links auf einen Baumwollstoffrest und einmal links auf Liberty Stoff. Stecken Sie sie links auf links zusammen und steppen Sie 5 mm vom Rand, lassen Sie eine Öffnung von 1 cm. Wenden Sie die Arbeit auf rechts und bügeln Sie sie. Drücken Sie das Teil in der Mitte zusammen, um die Form der Ohren zu erhalten und fixieren Sie sie mit ein paar Stichen von Hand (Zeichnung 6).

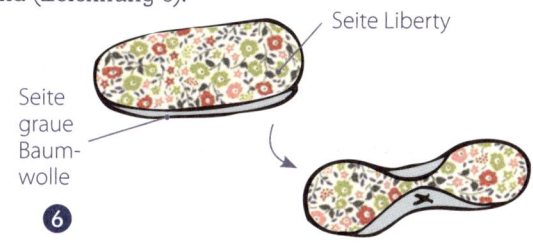

Seite Liberty

Seite graue Baumwolle

8. Verzierung der Hausschuhe

Machen Sie zwei kleine parallele Einschnitte auf der Oberseite der Hausschuhe 1 cm vom Rand in 1 cm Abstand (Zeichnung 7). Achten Sie darauf, nur den Außenstoff einzuschneiden. Sticken Sie die Augen mit grauem und die Nase mit rosafarbenem Stickgarn: Bringen Sie einige kleine, enge Stiche durch beide Lagen der Hausschuhe an (siehe Zeichnung).

Versäubern Sie, falls nötig, im Knopflochstich die beiden Einschnitte. Ziehen Sie die Ohren in die Einschnitte und richten Sie sie symmetrisch aus. Falls gewünscht, fixieren Sie sie mit ein paar Stichen von Hand.

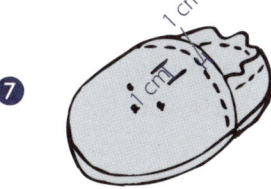

1 cm

1 cm

Tipp :

Sie können für die Sohle auch einen Jerseystoff in einer anderen Farbe verwenden! Wenn Sie die Ohren nicht fest anbringen, können Sie den Stoff passend zum Outfit des Babys wählen.

Materialien

- *Herausnehmbares Schnittmuster am Ende des Buchs*

- 206,5 x 128 cm weißer Stoff mit grauen Streifen

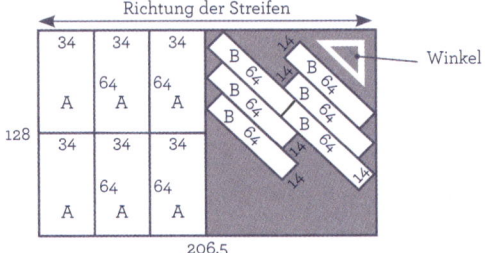
Richtung der Streifen — Winkel

- 180 x 42 cm Schaumgummi oder Volumenvlies

- 20 x 12 cm violetter Filz

- 14 x 8 cm rosafarbener Filz

- 320 cm perlgraues Band, 6 mm breit, in 16 gleiche Teile zu je 20 cm zu unterteilen

- 390 cm rosafarbenes Band, 6 mm breit, in 16 gleiche Teile zu je 65 cm zu unterteilen

- 60 x 40 cm Papier (oder 2 DIN-A3-Blätter zusammen)

- Passendes Garn zum rosafarbenen Band

- Passendes Garn zum Filz

- Weißes Nähgarn

- Textilkleber

1. Vorbereiten der Teile

Zeichnen Sie auf links des weißen Stoffs mit den grauen Streifen sechs 64 x 34 cm große Rechtecke ein, die Streifen sollten vertikal sein (Teile A). Dann zeichnen Sie sechs 64 x 14 cm große Rechtecke aus demselben Stoff mit den Streifen in der Diagonalen, verwenden Sie einen Winkel, um die 45° Diagonale beizubehalten (Teile B). Zeichnen Sie mit Schneiderkreide die Nähte 2 cm vom Rand jedes Rechtecks ein.

2. Zusammensetzen der Teile A und B

Stecken Sie ein Teil A und B rechts auf rechts an den langen Seiten zusammen und steppen Sie 2 cm vom Rand (Zeichnung 1). Schneiden Sie die Nahtzugabe auf 1 cm zurück und bügeln Sie die Nähte auf. Bringen Sie auf rechts des zusammengefügten Stoffs ein rosafarbenes Band mit ein wenig Textilkleber an, um die Naht zu verstecken. Achten Sie darauf, nicht zu viel Kleber zu verwenden, damit er nicht durch das Band durchscheint. Übersteppen Sie das Band mittig mit passendem Garn. Setzen Sie so die zwölf Teile zusammen, um schließlich sechs 64 x44 cm große Teile zu erhalten.

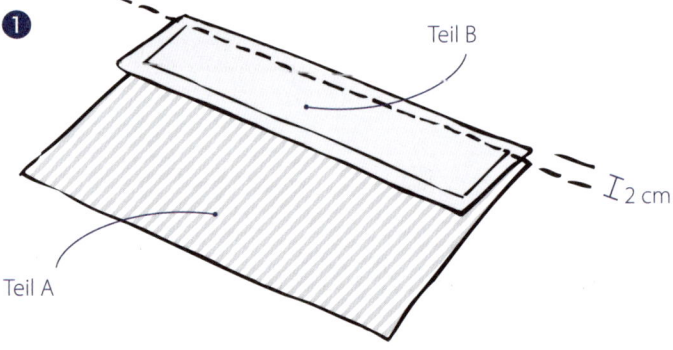
❶ Teil B — Teil A — 2 cm

3. Vogel aus Filz

Übertragen Sie das kleine Vogelmotiv auf den rosafarbenen Filz und das große Vogelmotiv auf den violetten, schneiden Sie sie entlang der Linie aus. Stecken Sie auf rechts des gestreiften Stoffs den rosafarbenen Vogel genau über das Band, das Ende des Schwanzes 14 cm vom rechten Rand. Stecken Sie den violetten Vogel aus Filz ebenso fest, das Schwanzende 10 cm von der linken Seite entfernt. Steppen Sie sie 2 mm vom Rand auf, lassen Sie dabei die Oberseite des violetten Vogels offen und formen so eine kleine Tasche (Zeichnung 2).

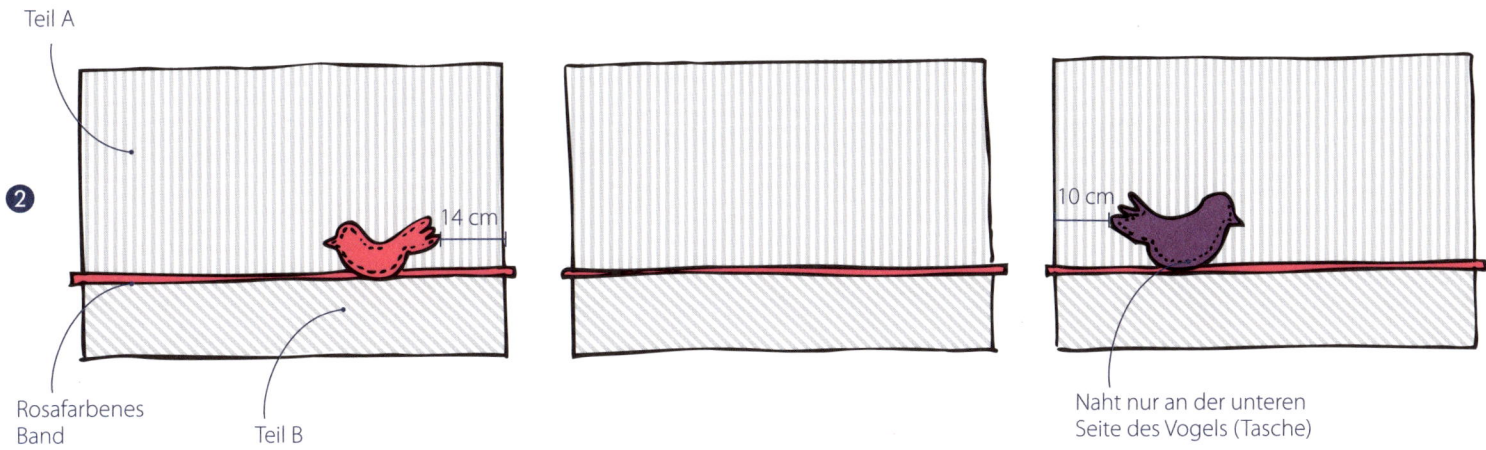

Teil A

Rosafarbenes Band

Teil B

14 cm

10 cm

Naht nur an der unteren Seite des Vogels (Tasche)

4. Übertrag des Schnitts für die Wolken

So erhalten Sie den vollständigen Schnitt für die Wolke: Übertragen Sie die Voluten der Wolken auf das Blatt und fügen Sie, wie auf dem Schnittmuster angegeben, 30 cm hinzu (siehe Seite 90).

Übertragen Sie auf die Rückseite der drei gestreiften Teile ohne Filzapplikation das Schnittmuster der vollständigen Wolke zweimal und einmal gespiegelt (Zeichnung 3).

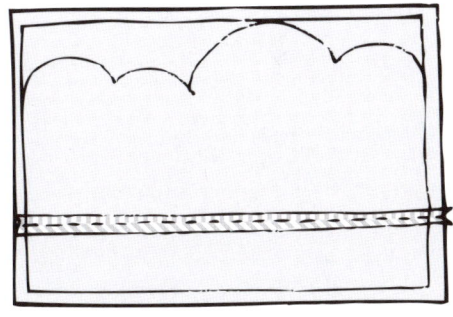

Schnittmuster Wolke   Schnittmuster Wolke   Schnittmuster Wolke gespiegelt

5. Zusammensetzen der Teile

Stecken Sie jeweils zwei Teile rechts auf rechts zusammen, um die drei Teile des Nestchens zu formen. Achten Sie darauf, die Bänder in einer Linie anzuordnen. Legen Sie ein Seidenpapier und eine Lage

Schaumstoff zwischen die Stoffe. Das Seidenpapier verhindert, dass der Schaumstoff am Nähfuß der Maschine hängen bleibt (Zeichnung 4).

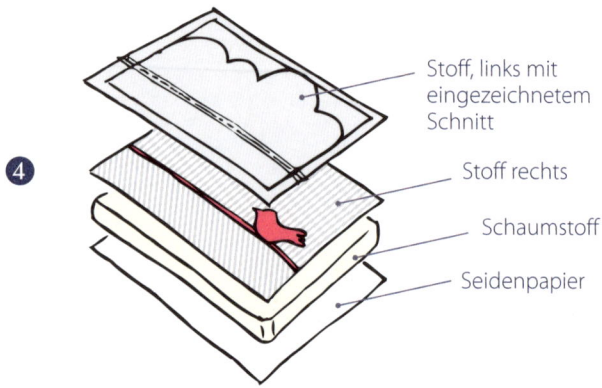

④

Stoff, links mit
eingezeichnetem
Schnitt

Stoff rechts

Schaumstoff

Seidenpapier

Stecken und heften Sie die Lagen rasch zusammen, damit nichts verrutscht. Steppen Sie am oberen Rand der gezeichneten Linie (Voluten der Wolken). Entfernen Sie den Heftfaden und das Seidenpapier. Schneiden Sie die Nahtzugabe bis 2 mm vor der Naht zurück und schneiden Sie sie in den Rundungen ein (siehe Seite 90 und Zeichnung 5).

⑤

Nehmen Sie von den 16 Bändern immer zwei zusammen. Stecken Sie die Bänder nur auf die beiden Seitenteile des Nestchens (die mit dem Vogel), rechts auf rechts zwischen die beiden Stoffe, 3 cm von den vier Ecken entfernt. Lassen Sie die Enden 1 cm überstehen. Steppen Sie die beiden kurzen Seiten aller drei Teile auf der Markierung (Zeichnung 6).

⑥

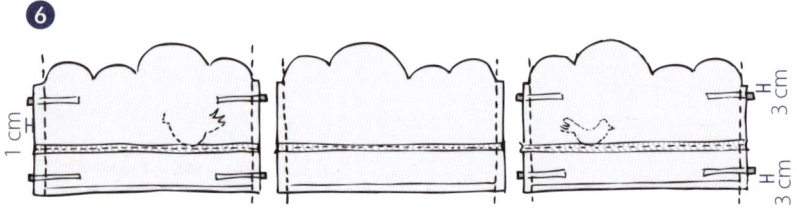

1 cm

3 cm

3 cm

Schneiden Sie die Nahtzugabe zurück, öffnen Sie die Nähte mit dem Bügeleisen und ziehen Sie dabei die Wolken in Form, achten Sie darauf, durch die Hitze den Schaumstoff nicht zu beschädigen. Schlagen Sie die letzte lange, offene Seite links auf links auf 2 cm ein, bügeln Sie sie und wenden Sie die drei Teile auf rechts. Schließen Sie die drei Teile, indem Sie auf rechts den Stoff 5 mm vom Rand steppen.

6. Zusammensetzen der drei Teile

Stecken und heften Sie die drei Teile des Nestchens zwei und zwei (Innenseite gegen Innenseite). Achten Sie darauf, dass die Bänder sich auf der Außenseite und die Vögel auf der Innenseite befinden. Steppen Sie die kurzen Seiten der Teile 5 mm vom Rand (Zeichnung 7).

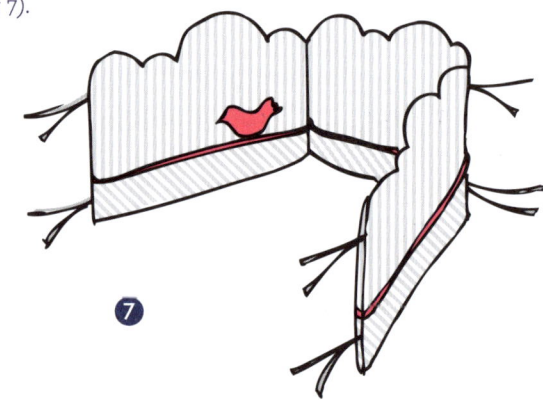

⑦

Tipp
• Sie können die Enden der 16 Bänder mit Kleber versäubern (siehe Seite 91): Geben Sie auf 5 mm Kleber. Lassen Sie den Kleber trocken und schneiden Sie die Bänder schräg.
• Passen Sie den Schnitt für ein 70 x 140 cm großes Bett an, indem Sie 5 cm auf jeder kurzen Seite hinzufügen und die Voluten entsprechend anpassen.

Léa rät
Durch den hellgemusterten Stoff (weiß mit grauen Streifen) und dem bunten Filz, werden die Vogelmotive besonders betont, was Babys, die bunte Farben lieben, besonders gut gefällt! Der Richtungswechsel der Streifen lässt das Ensemble elegant aussehen, Sie können für den unteren Teil jedoch auch einen andern passenden Stoff wählen.

Babys Badetuch ★ ☆ ☆

Materialien

Herausnehmbare Motivvorlage am Ende des Buchs

- 100 x 70 cm perlgrauer Frottee
- 23 x 16 cm Liberty Stoff Capel 3055 Farbe X (Umrandung)
- 330 cm Schrägband Liberty Capel 3055 Farbe X (Cape)
- 32 cm Schrägband Liberty Capel 3055 Farbe X (Handschuh)
- 7 cm zum Frottee passende graue Kordel
- Zum Frottee und zum Schrägband passendes Garn
- Zeichenkarton
- Textilkleber

1. Zuschnitt des Stoffs

Schneiden Sie ein 70 x 70 cm großes Quadrat aus dem Frottee aus. Schneiden Sie aus dem Stoffrest ein rechtwinkliges Dreieck mit einer Schenkellänge von 30 cm und ein 16 x 36 cm großes Rechteck (Zeichnung 1).

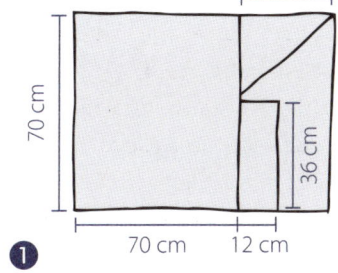

2. Motive applizieren

Übertragen Sie den Fisch und die Luftblasen auf den Zeichenkarton, dann übertragen Sie mit der Schablone die Motive auf links des Liberty Stoffs (siehe Seite 90). Schneiden Sie sie zuzüglich 1 cm Nahtzugabe aus. Schlagen Sie mit Hilfe der Schablone die Nahtzugabe auf links ein und bügeln Sie sie. Fixieren Sie sie mit ein paar Tropfen Textilkleber.

Stecken Sie den Fisch auf den Frotteestoff, wie in Zeichnung 2 angegeben, die Sauerstoffblasen nach Belieben. Heften Sie sie und steppen Sie sie 2 mm vom Rand.

3. Zusammensetzen des Capes

Stecken und heften Sie das Schrägband auf die lange Seite des Dreiecks der Kapuze. Steppen Sie 2 mm vom Rand des Schrägbands. Stecken Sie das Dreieck auf die Spitze einer der Ecken des großen Quadrats aus Frottee. Stecken Sie das Schrägband um den gesamten Frotteestoff und heften Sie es fest (Zeichnung 2). Steppen Sie 2 mm vom Rand des Schrägbands.

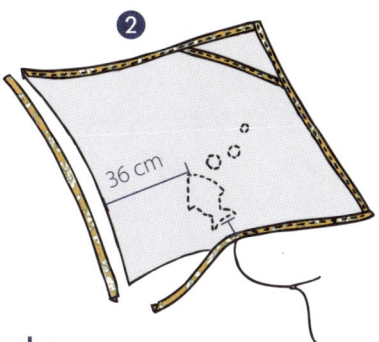

4. Nähen des Waschhandschuhs

Falten Sie das Rechteck aus Frottee zur Hälfte der Breite nach. Falten Sie die Kordel zur Hälfte und schieben Sie die Schlaufe auf einer Seite, 3 cm vom oberen Rand, zwischen die beiden Frotteelagen. Lassen Sie die Enden 1 cm überstehen und stecken Sie alles zusammen. Steppen Sie beide Seiten 1 cm vom Rand (Zeichnung 3). Schneiden Sie die Enden der Kordel auf 5 mm von der Naht zurück. Wenden Sie den Handschuh auf rechts. Stecken Sie das Schrägband, mit einem Saum von 1 cm an einem der Enden, auf den oberen Rand des Handschuhs. Heften und steppen Sie 2 mm vom Rand.

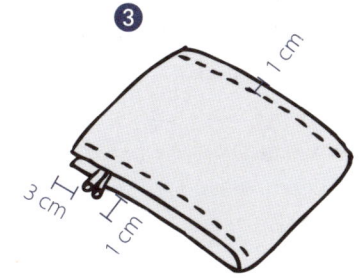

Chloé rät

Mit Ihren Stoffresten aus Liberty Stoff können Sie kleine passende Hausschühchen nähen! Lesen Sie auf Seite 78 nach, wie Sie die Mäuschen anfertigen können.

Herausnehmbare Vorlage für die Buchstaben am Ende des Buchs

- Gepunkteter, einfarbiger und Liberty Stoff: die Größen entsprechend der verwendeten Rahmen

- Bilderrahmen: vier Rahmen 10 x 15 cm Portrait und ein großer Rahmen 55 x 16 cm

- Weißes Papier
- Sprühkleber
- Wiederverwendbares Klebeband
- Metalllineal
- Cutter

Es gibt zwei mögliche Arbeitstechniken:

- Buchstaben in Negativschrift: Hier wird der Buchstabe aus dem Stoff ausgeschnitten und erscheint in Form des Hintergrunds
- Buchstaben in Relief: Sie schneiden die Buchstaben aus und kleben sie auf

1. Arbeitstechnik: Negativbuchstaben

Übertragen Sie das Motiv des gewählten Buchstabens auf ein Blatt Papier. Messen Sie Breite und Höhe Ihres Bilderrahmens: B x H. Wählen Sie zwei in Farbe und Muster unterschiedliche Stoffe (Liberty Stoff und unifarbener Stoff oder unifarbener Stoff und kleingepunkteter Stoff etc.) und schneiden Sie aus beiden Stoffen ein Rechteck aus: (B + 4 cm) x (H + 4 cm). Geben Sie auf die Rückseite jedes Stoffes Sprühkleber und kleben Sie ein Blatt Papier darüber. Befestigen Sie das Schnittmuster des Buchstabens mit einem wiederverwendbaren Klebeband mittig auf rechts des ersten Stoffes. Schneiden Sie den Umriss des Buchstabens mit dem Cutter aus. Verwenden Sie für die geraden Linien ein Metalllineal, schneiden Sie die Kurven frei Hand, halten Sie dabei das Papier mit der Hand fest.

Wechseln Sie, falls nötig, die Klinge, das erleichtert das Schneiden und Sie erhalten eine saubere Kante. Bewahren Sie die ausgeschnittenen Teile der Buchstaben sorgfältig auf (gibt es bei A, B, D, etc.). Zeichnen Sie anschließend auf rechts des Stoffes ein Rechteck B x H cm, setzen Sie den Buchstaben mittig und schneiden Sie ihn mit dem Cutter aus. Zeichnen Sie auf rechts des zweiten Stoffs ein Rechteck B x H cm und schneiden Sie es mit dem Lineal und dem Cutter aus. Setzen Sie es in den Rahmen. Setzen Sie das Rechteck aus dem anderen Stoff mit dem ausgeschnittenen Buchstaben darüber. Vervollständigen Sie nun die Buchstaben mit den Innenteilen, falls vorhanden, und kleben Sie sie fest (Zeichnung 1). Schließen Sie den Bilderrahmen.

❶

2. Arbeitstechnik: Reliefbuchstaben

Drucken oder übertragen Sie den gewählten Buchstaben auf das Papier. Messen Sie Breite und Höhe des Bilderrahmens: B x H. Wählen Sie zwei Stoffe und schneiden Sie aus beiden ein Rechteck: (B + 2 cm) x (H + 2 cm) aus. Geben Sie auf die Rückseite der beiden Stoffe Sprühkleber und legen Sie ein Blatt Papier darüber. Befestigen Sie die Vorlage mittig, mit wiederverwendbarem Klebeband. Schneiden Sie den Umriss des Buchstabens mit dem Cutter aus. Zeichnen Sie auf rechts des zweiten Stoffs ein B x H cm großes Rechteck und schneiden Sie es aus. Setzen Sie es in den Bilderrahmen. Setzen Sie den Buchstaben mittig darüber und kleben ihn fest (Zeichnung 2). Schließen Sie den Bilderrahmen.

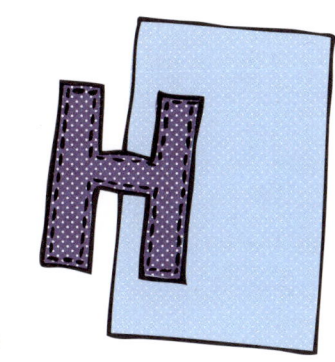

❷

Variante
Um Ihrer Arbeit den Effekt einer Applikation zu geben, können Sie den Umriss der Buchstaben vor dem Aufkleben 2 mm vom Rand steppen(siehe Bild Seite 66 und Zeichnung 2).

Tipp
Das auf die Rückseite des Stoffs geklebte Papier schützt den Stoff und erleichtert das saubere Ausschneiden.

Chloé rät
Wählen Sie Ihre Stoffkombinationen passend zu den Bilderrahmen. Kreuzen Sie die Farben von einem Rahmen zum anderen, damit diese gut miteinander harmonieren.

Materialien

Schnitt auf Seite 95

- 25 x 25 cm 3 cm dicker Schaumstoff
- 50 x 25 cm Volumenvlies, 5 mm
- 24 x 12 cm dunkelblauer Stoff mit weißen Punkten
- 24 x 12 cm rosafarbener Stoff
- 24 x 12 cm rosafarbener Liberty Stoff Eloise Farbe E
- 24 x 12 cm blauer Liberty Stoff Capel Farbe T
- 70 cm türkisfarbenes Seidenripsband, 3,8 cm breit
- 70 cm rosafarbenes Seidenripsband, 3,8 cm breit

- 1 m türkisfarbenes Seidenripsband, 1 cm breit
- 35 cm rosafarbenes Seidenripsband, 5 mm breit
- 35 cm dunkelblaues Seidenripsband, 5mm breit
- 2 Druckknöpfe mit 8 mm Durchmesser
- 25 x 25 cm Schaumstoff, 3 cm Stärke
- 4 Holzperlen mit 2,5 cm Durchmesser
- Zeichenkarton
- Zu dem türkisfarbenen und rosafarbenen Seidenripsband passendes Garn
- Textilkleber

1. Formen bilden

Übertragen Sie einen 8,5 cm großen Kreis, ein 8 cm großes Quadrat und das Herzmotiv auf Zeichenkarton und schneiden Sie es aus (siehe Seite 90). Übertragen Sie die Formen einmal auf den Schaumstoff und zweimal auf das Volumenvlies. Schneiden Sie den Schaumstoff mit dem Cutter an der Markierung in mehreren Etappen und das Volumenvlies mit der Schere. Schneiden Sie das Quadrat zweimal aus, damit Sie insgesamt vier Formen erhalten. Kleben Sie mit Textilkleber den Schaumstoff zwischen zwei Teile Volumenvlies.

2. Formen nähen

Übertragen Sie das Herzmotiv und den Kreis zweimal, das Quadrat vier Mal auf links auf jeden der vier Stoffe. Schneiden Sie sie zuzüglich 2 cm Nahtzugabe aus: Bügeln Sie bei den Quadraten die Naht-

zugabe um, verwenden Sie hierfür zum Falten des Stoffs die Vorlage aus Zeichenkarton und schneiden Sie die Ecken zurück. Schlagen Sie das Herz und den Kreis mit Hilfe der Vorlage ein und bügeln Sie sie. Schneiden Sie die Rundungen und die Ecke mit einer kleinen Schere ein (siehe Seite 90 und Zeichnung 1).

Setzen Sie die jeweils passenden Stoffe beidseitig auf den Schaumstoff, die Nahtzugaben müssen dabei den Saumstoff überdecken (Zeichnung 2). Fixieren Sie den Stoff mit etwas Kleber, insbesondere in den Ecken.

❷

3. Vorbereitung der Bänder

Schneiden Sie vier 35 cm lange Abschnitte von dem 3,8 cm breiten Seidenripsband, zwei aus dem rosafarbenen und zwei aus dem türkisfarbenen. Schlagen Sie an allen vier Bändern ein Ende zu einem 1 cm breiten Saum um. Setzen Sie die Seidenripsbänder um alle Schaumstoffformen. Kennzeichnen Sie mit Bleistift auf der anderen Seite des Saums die Stelle, an der das Seidenripsband zum Aufhängen der Form angebracht werden soll. Entfernen Sie das Band und schneiden Sie mit dem Cutter einen 7 mm großen Einschnitt, mittig, senkrecht in das Band (Zeichnung 3).

Einschnitt

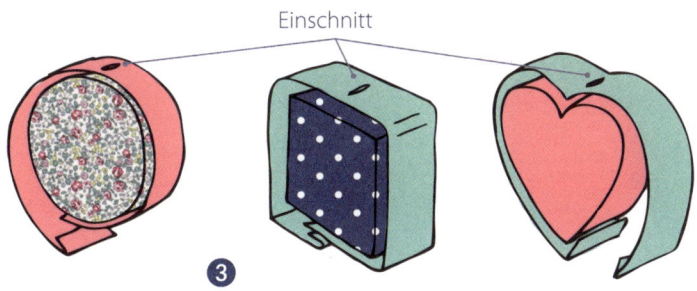

❸

4. Zusammensetzen

Schneiden Sie vier 17,5 cm lange Streifen aus dem 5 mm breiten Seidenripsband: zwei in rosa und zwei in türkis. Fädeln Sie auf jedes Band eine Perle. Legen Sie eine Schlaufe und stecken Sie sie in die vorbereiteten Einschnitte in den breiten Seidenripsbändern. Fixieren Sie jedes Band mit etwas Kleber (Zeichnung 4).

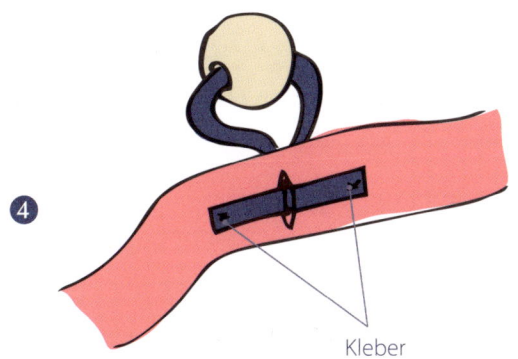

❹

Kleber

Stecken Sie die vorbereiteten Seidenripsbänder auf ihren Formen fest und nähen Sie im Blindstich die Ränder des Bandes rund um die Form (siehe Seite 91). Nehmen Sie dabei alle Lagen ein. Fädeln Sie die vier Perlen auf das 1 cm breite Seidenripsband. Bringen Sie an beiden Enden einen Saum von 1 cm an. Nähen Sie an beide Enden einen Druckknopf und bilden eine Befestigungsschlinge (Zeichnung 5).

❺

18 cm

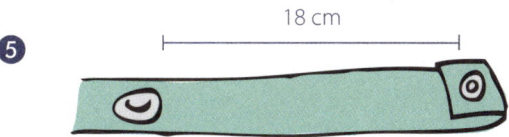

Chloé rät
Überprüfen Sie die Breite des Baby-Bettchens (hier 60 cm) und passen Sie die Größe der Befestigungsschlaufe den Gitterstäben an.

Materialien

Motiv auf Seite 94

- 40 x 15 cm beiger Baumwollstoff mit weißen Punkten
- 30 x 15 cm brauner Baumwollstoff
- 30 x15 cm weißer Baumwollstoff
- Grüner, gelber, hell- und dunkelroter Filz
- Braunes Stickgarn (Mouliné special DMC 646)

- Zum braunen Stoff passendes Garn
- Zum grünen Filz passendes Garn
- Zum roten Filz passendes Garn
- 18 weiße Klettpunkte
- Füllwatte

1. Brötchen für den Hamburger

Zeichnen Sie für den Deckel des Brötchens, einen 13 cm großen Kreis auf weißen Stoff und übertragen Sie das Dreieck sechsmal auf die linke Seite des gepunkteten Stoffs (siehe Seite 90). Schneiden Sie die Teile zuzüglich 5 mm Nahtzugabe aus. Stecken Sie die langen Seiten der drei Dreiecke rechts auf rechts zusammen und steppen Sie entlang der Linie. Beginnen Sie an einer unteren Ecke des Dreiecks und nähen Sie zur Spitze hin(Zeichnung 1). Gehen Sie bei den anderen drei Dreiecken ebenso vor, steppen Sie schließlich die beiden Teile zusammen, damit Sie das Oberteil des Brötchens erhalten (Zeichnung 2). Bügeln Sie die Nähte auf. Steppen Sie auf rechts des weißen Baumwollkreises, mittig, die Flauschseite eines Klettpunktes (siehe Seite 90).

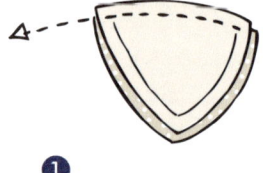

❶

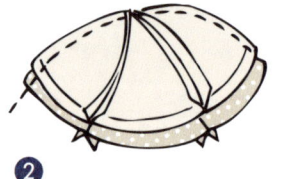

❷

Sticken Sie auf rechts des Kreises aus gepunktetem Stoff mit braunem Stickgarn ein paar Punkte, die die Sesamkörner darstellen. Stecken Sie den weißen Kreis und den zusammengesetzten, gepunkteten Kreis rechts auf rechts zusammen und heften Sie sie entlang der Linie: Die beiden Kreise müssen genau aufeinander passen (Zeichnung 3). Steppen Sie rundum und lassen Sie eine Öffnung von 2 cm. Bügeln Sie die Nähte auf und wenden Sie die Brötchenhälfte auf rechts. Stopfen Sie sie mit Füllwatte aus und schließen Sie die Öffnung von Hand.

Zeichnen Sie für die untere Brötchenhälfte einen Kreis mit 11,5 cm Durchmesser auf weißen Stoff und einen zweiten aus dem gepunkteten Stoff, außerdem einen 40 x 3 cm langen Streifen aus dem

❸

gepunkteten Stoff. Schneiden Sie die Teile zuzüglich 5 mm Nahtzugabe aus. Steppen Sie mittig auf rechts des weißen Stoffs einen Klettpunkt (Haken). Heften Sie alle drei Teile links auf links zusammen (Zeichnung 4). Steppen Sie entlang der Linie und lassen eine 2 cm große Öffnung. Wenden Sie die Brötchenhälfte auf rechts, stopfen Sie sie mit Füllwatte aus und schließen Sie sie von Hand. Nehmen Sie mit einem Stich in der Mitte alle Lagen ein.

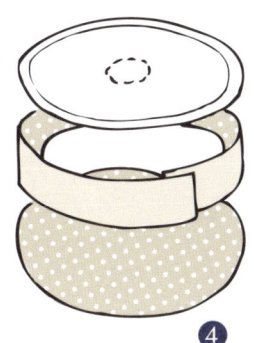

2. Steak

Zeichnen Sie zwei Kreise mit einem Durchmesser von 9 cm und einen 28 x 2,5 cm langen Streifen auf den braunen Stoff. Schneiden Sie die Teile mit einer Nahtzugabe von 5 mm aus. Steppen Sie die Kreise im Abstand von 8 cm parallel im Geradstich, was den Abdruck des Grillrosts auf dem Steak darstellen soll. Steppen Sie in die Mitte auf rechts der Kreise Klettpunkte: auf der einen Seite Flausch auf der anderen Haken. Wie bei der Unterseite des Brötchens, heften Sie, steppen Sie, wenden Sie das Steak, stopfen es mit Füllwatte aus und schließen es von Hand (Zeichnung 5). Nehmen Sie mit einem Stich in der Mitte alle Lagen ein.

3. Salatblatt

Übertragen Sie das Blattmotiv zweimal auf links des grünen Filzes und schneiden Sie es entlang der Linie aus. Steppen Sie im Geradstich die Blattadern nach, falten Sie das Blatt zur Hälfte und steppen Sie 2 mm vom Falz, damit das Blatt plastisch wird (Zeichnung 6). Nähen Sie das zweite Salatblatt ebenso. Legen Sie die Blätter links auf rechts, wie auf dem Foto auf Seite 70, übereinander und stecken Sie sie zusammen.

Setzen Sie einen Klettpunkt oben und unten an die Stelle, wo die Blätter übereinander liegen: Flausch auf links, Haken auf rechts.

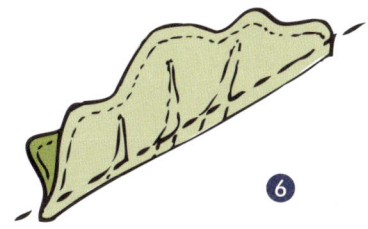

4. Tomatenscheiben

Übertragen Sie das Motiv Tomate zweimal auf den dunkelroten Filz und das Innere der Tomate zweimal auf den hellroten Filz. Schneiden Sie die Formen entlang der gezeichneten Linie aus (Zeichnung 7). Stecken Sie jeweils die zusammengehörenden Teile rechts auf links zusammen. Steppen Sie im Geradstich auf den Linien des Tomateninneren jeweils die zwei Lagen zusammen. Legen Sie um 3 cm versetzt, links auf rechts die beiden Tomatenscheiben übereinander und stecken sie fest. Bringen Sie unterhalb und oberhalb der Tomatenscheiben die Klettpunkte an: Flausch auf links, Haken auf rechts (siehe Foto Seite 70).

5. Käse

Übertragen Sie das Käsemotiv auf den gelben Filz und schneiden Sie den Käse der Linie entlang aus. Steppen Sie mittig auf beide Seiten je einen Klettpunkt: eine Seite Flausch, die andere Haken.

6. Zusammensetzen

Legen Sie die Zutaten für den Hamburger mit Hilfe der Klettpunkte übereinander!

Léa rät

• Sie können für Ihren Hamburger noch weitere Zutaten aus Filz herstellen: Senf, eine Scheibe Speck, Zwiebelringe...
• Bringen Sie jeweils eine Flausch- und eine Hakenseite der Klettpunkte an, damit die Zutaten aneinander haften bleiben.

ARBEITSTECHNIKEN

Material

Nähmaschine
Stecknadeln
Nähnadeln
Pfeiltrenner
Maßband
Bügeleisen

Bleistift
Schere
Lineal 50 cm lang
Winkel
Schneiderkreide

Schnittmuster und Motivvorlagen

Ausarbeitung

Fotokopieren, scannen oder drucken Sie sie aus. Sie können Schnittmuster und Motive auch mit Transparentpapier abpausen. Kleben Sie Ihre Schnittmuster oder Motive auf Zeichenkarton oder drucken Sie sie auf sehr dickes Papier. Schneiden Sie sie mit einer Schere aus. Verwenden Sie für die mit Textilfarbe auszumalenden Motive eine Plastikfolie, aus der Sie die Motive mit dem Cutter ausschneiden.

Übertragen

Stecken Sie das Schnittmuster auf den Stoff und schneiden Sie die Teile aus oder übertragen Sie den Schnitt mit Schneiderkreide oder wasserlöslichem Textilstift. Wenn es sich um ein halbes Schnittmuster handelt, falten Sie den Stoff zur Hälfte rechts auf rechts und legen die Markierung am Falz an. Ausschneiden und auseinanderfalten. Wenn der Stoff nicht gefaltet werden sollte (z.B. aufbügelbares Vlies), übertragen Sie den halben Schnitt auf einen zur Hälfte gefalteten Zeichenkarton und legen die Markierung am Falz an. Übertragen Sie das so erhaltende Schnittmuster auf den Stoff.

Stoff einschneiden

Einen Stoff einschneiden

Damit Sie Stoff besser zusammennähen können, schneiden Sie die Ecken zurück oder schneiden in den Rundungen kleine, V-förmige Kerben in die Nahtzugabe.

Nähen

Blindstich

Dieser Stich ist fast unsichtbar. Mit ihm werden zwei Stoffteile zusammengenäht. Ziehen Sie die Nadel durch den Stofffalz (wird zum Schließen einer Öffnung angewandt) und stechen Sie in den unteren Stoff, nahe am Falz. Ziehen Sie die Nadel zwei Schussfäden weiter heraus und stechen Sie erneut in den Falz ein. Ziehen Sie die Nadel 5 mm weiter wieder heraus und stechen Sie in den unteren Stoff usw.

Zickzackstich

Dieser Stich wird mit der Nähmaschine ausgeführt: wenn Sie nicht daran gewöhnt sind, üben Sie zuvor an einem Stoffrest, dadurch erlangen Sie mehr Sicherheit. Schneiden Sie den Stoff zu und applizieren Sie ihn entsprechend der Zeichnung ohne Nahtzugabe. Stecken Sie die Applikation auf den Stoff, stecken Sie die Nadeln mittig, vermeiden Sie am Rand zu stecken. Stellen Sie auf Ihrer Maschine einen engen Stich ein, probieren Sie die richtige Einstellung zuvor aus: ist der Stich zu eng eingestellt, geht die Nadel nicht vorwärts, ist er zu weit eingestellt wird das Ergebnis nicht so schön. Steppen Sie im Zickzackstich um die Applikation.

Knopfloch

Zeichnen Sie die Stelle für das Knopfloch ein (Durchmesser und Dicke des Knopfes), dann steppen Sie auf der Linie. Schneiden Sie das Knopfloch mit einem Pfeiltrenner oder einer spitzen Schere auf.

Applikationen

Applikationen aus Filz oder Klettpunkte

Schneiden Sie das zu applizierende Motiv aus Filz ohne Nahtzugabe entlang der Linie aus. Stecken Sie das Motiv auf den Stoff, stecken Sie die Nadeln mittig und lassen Sie den Rand frei. Steppen Sie mit der Maschine im Geradstich 3 mm vom Rand oder nähen Sie im Steppstich. Sind die Teile besonders klein, nehmen Sie das Handrad Ihrer Maschine zu Hilfe.

Stoffapplikationen

Die meisten Motive in diesem Buch sind aus Filz oder werden mit Textilfarbe aufgetragen. Sie können jedoch auch Motive aus Stoff applizieren (siehe Babys Badetuch Seite 83). Fügen Sie in diesem Fall noch 3 bis 4 mm Nahtzugabe hinzu. Schlagen Sie den Stoff links auf links entlang der Markierung um. Verwenden Sie, falls nötig eine Schablone aus Zeichenkarton und bügeln Sie den Umschlag. Stecken Sie das Teil auf den Stoff und heften Sie es rundum fest; entfernen Sie die Stecknadeln und nähen Sie das Motiv im Blindstich auf. Falten Sie den Stoff für runde oder schwierige Applikationen zur Hälfte rechts auf rechts. Übertragen Sie das Motiv auf den Stoff und steppen Sie im Geradstich entlang der Linie. Lassen Sie dabei eine Öffnung. Schneiden Sie das Motiv mit einer Nahtzugabe von 3 bis 4 mm aus, schneiden Sie die Ecken und die Kurven ein. Wenden Sie die Arbeit auf rechts und schließen Sie die Öffnung im Blindstich. Stecken Sie das zu applizierende Motiv auf den Stoff und heften Sie es rundum. Entfernen Sie die Stecknadeln und nähen Sie den Rand im Blindstich.

Sticken

Übertragen Sie das Motiv auf den Stoff, wie zuvor erklärt. Sticken Sie mit einem oder zwei Fäden Stickgarn, je nach Stärke des zu bestickenden Stoffs.

Steppstich

Arbeiten Sie von rechts nach links. Ziehen Sie die Nadel am Anfang der Naht auf rechts heraus. Stechen Sie eine halbe Stichlänge zurück ein und ziehen Sie die Nadel vor dem letzten Stich nach oben. Stechen Sie die Nadel an das Ende des vorhergehenden Stichs ein und ziehen Sie sie wieder vor dem letzten Stich heraus. Wiederholen Sie diese Stiche mit immer derselben Stichlänge. Die meisten Motive in diesem Buch wurden aus Filz oder mit Textilfarbe gearbeitet, Sie können jedoch auch die Umrisse im Steppstich aufsticken.

Vorstich

Ziehen Sie die Nadel rechts aus dem Stoff, stechen Sie etwas weiter wieder ein. Die Stiche und die Zwischenräume müssen gleich lang sein. Der Stich sieht auf beiden Seiten des Stoffs identisch aus.

Textilfarbe

Es gibt zwei Methoden wie Textilfarbe aufgebracht werden kann. Sie erhalten jeweils ein unterschiedliches Ergebnis.

Schablone

Fixieren Sie die Plastikschablone mit Klebeband auf dem Stoff. Legen Sie einen Karton auf die Unterseite, dass die Farbe nicht auf den darunterliegenden Stoff oder den Tisch gelangt. Tragen Sie die Textilfarbe mit einem Borstenpinsel auf. Stupfen Sie die Farbe senkrecht, damit vermeiden Sie, dass die Farbe unter die Schablone läuft und verschmiert. Fixieren Sie die Farbe mit dem Bügeleisen, entsprechend den Angaben des Herstellers.

Farbe

Nachdem Sie den Umriss des Motivs mit einem Bleistift auf den Stoff übertragen haben, legen Sie einen Karton auf links, wie zuvor erklärt und malen Sie das Innere des Motivs mit einem feinen Pinsel mit Textilfarbe aus. Fixieren Sie die Farbe mit dem Bügeleisen, entsprechend den Angaben des Herstellers.

Gestalten mit Karton

Mit Karton verkleiden

Geben Sie Kleber auf eine Seite und kleben Sie ein passendes Stück Zeichenkarton darauf, so erhalten Sie eine glatte Fläche.

Bekleben mit Stoff

Geben Sie Kleber auf den Karton und setzen Sie ihn mittig auf den Stoff. Streichen Sie den Stoff glatt, um Luftblasen und Falten zu vermeiden. Schneiden Sie die Ecken des Stoffs schräg im 45° Winkel bis 3 mm vor dem Karton ein, abhängig von den Maßen des Kartons. Schneiden Sie den überstehenden Stoff 1 cm vom Kartonrand ab und schlagen den Rest ein.

Versäubern des Stoffs mit Kleber

Geben Sie auf 5 mm an den Enden Kleber. Falls nötig, schneiden Sie die Enden zurück.

SCHNITTMUSTER

Glücksbringer
Seite 57

Lunch Pack
Seite 21

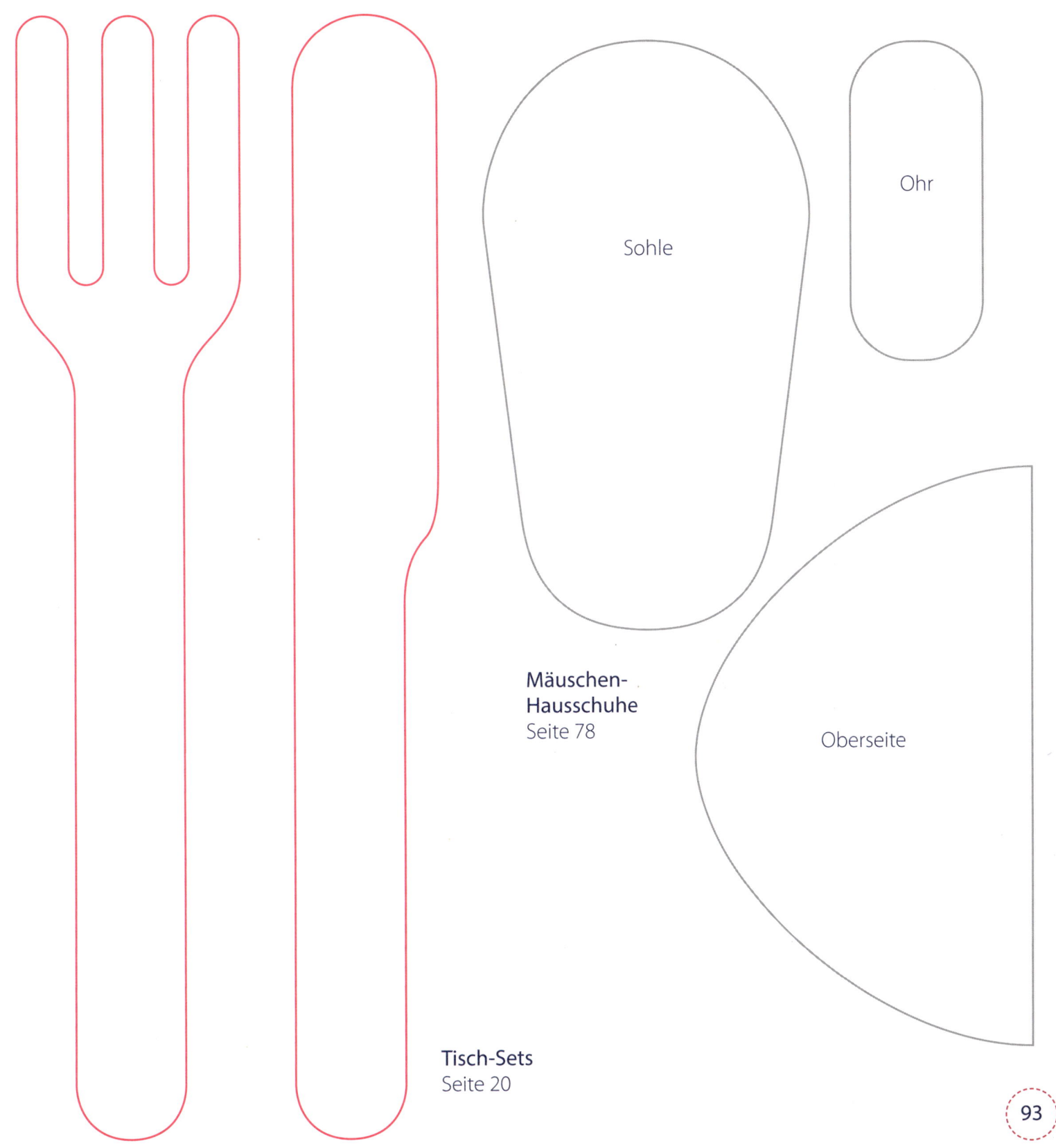

Sohle

Ohr

Mäuschen-
Hausschuhe
Seite 78

Oberseite

Tisch-Sets
Seite 20

93

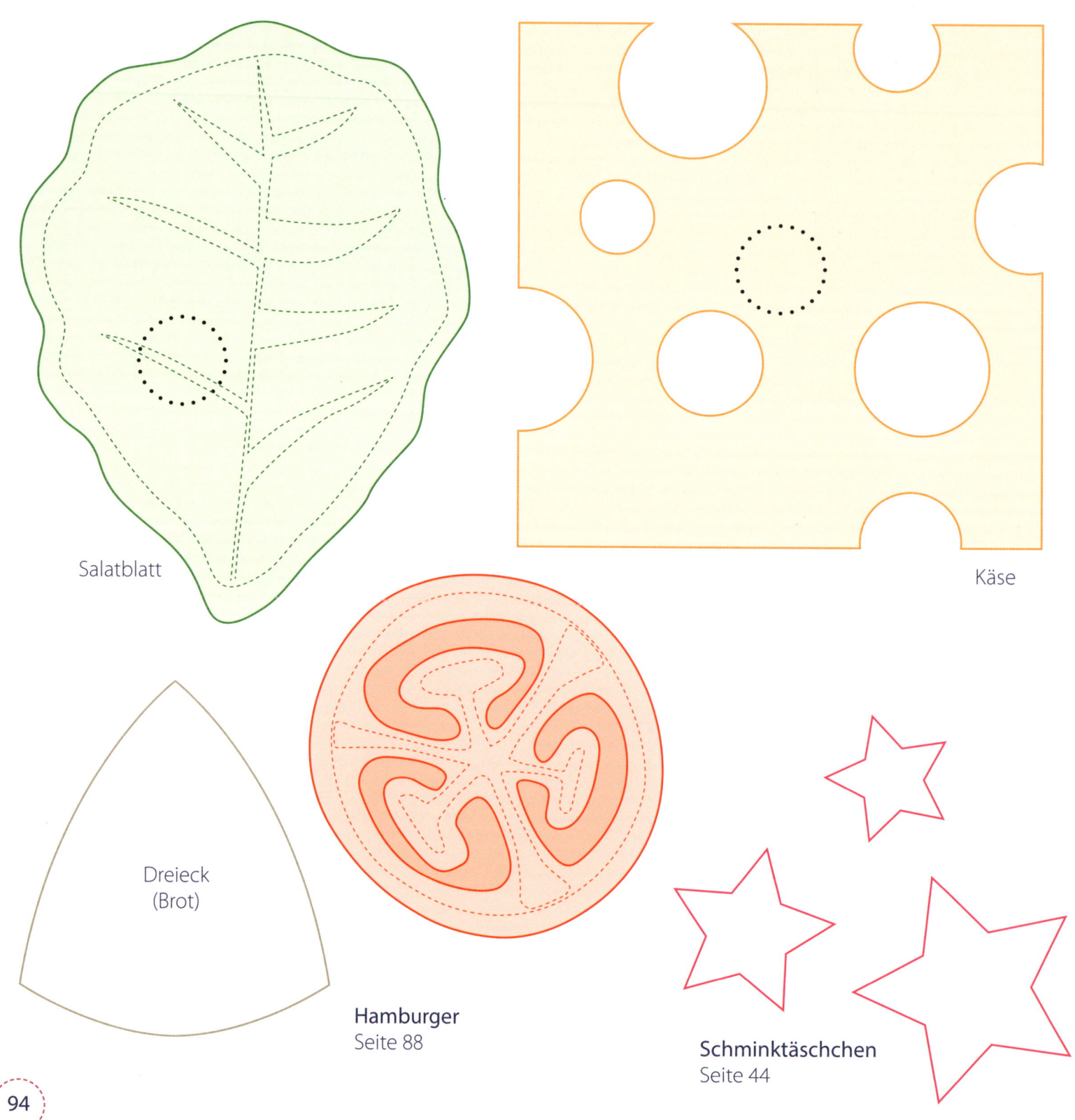

Salatblatt

Käse

Dreieck
(Brot)

Hamburger
Seite 88

Schminktäschchen
Seite 44

94

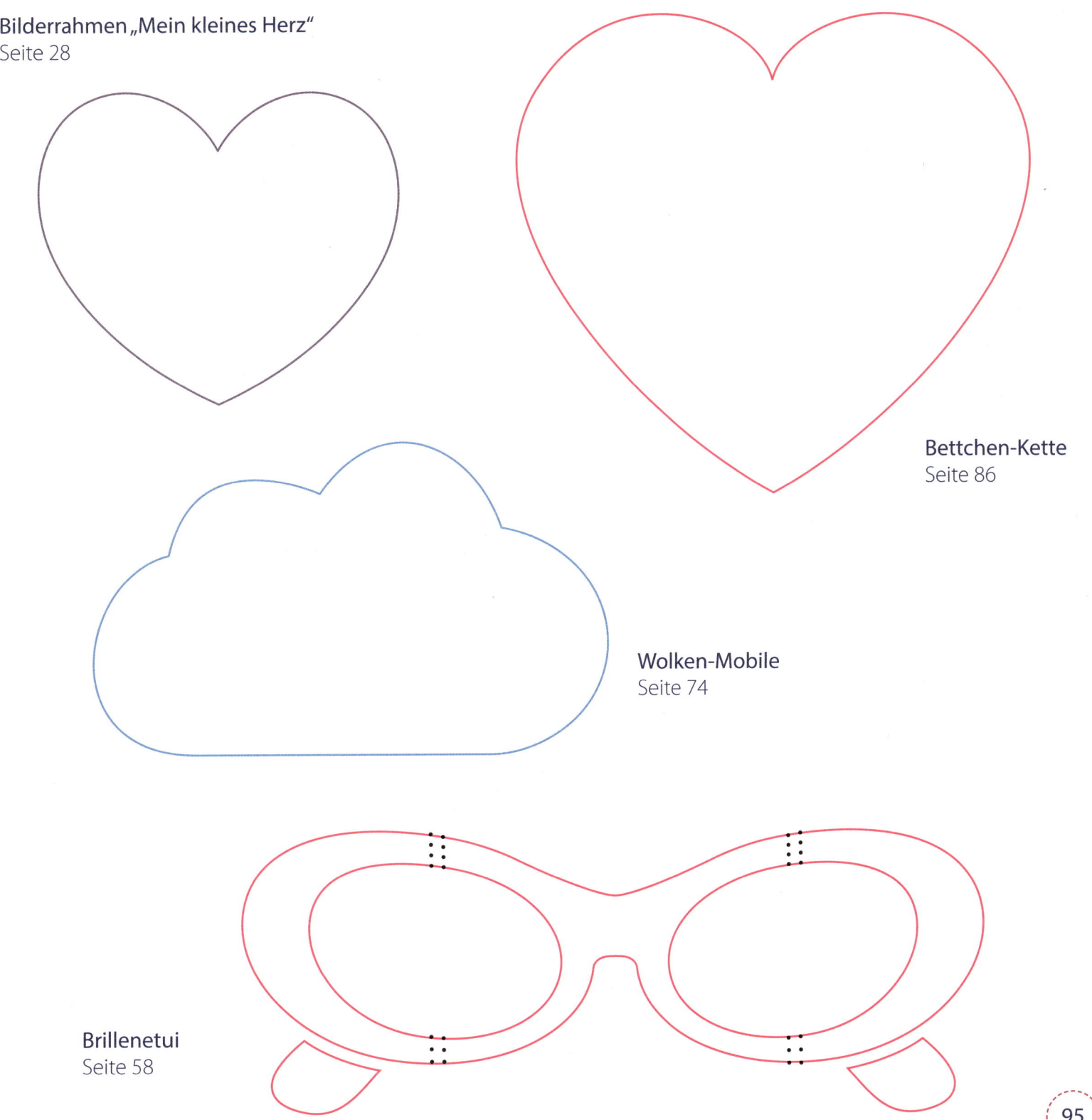

Bilderrahmen „Mein kleines Herz"
Seite 28

Bettchen-Kette
Seite 86

Wolken-Mobile
Seite 74

Brillenetui
Seite 58

Der Herausgeber möchte der Firma Stragier danken, die den größten Teil der Stoffe geliefert hat.

Nachfolgend die Referenznummern für die Stoffe:
● *Beschichteter Baumwollpopeline Coquelicot E-6239 F (Einkaufstasche)* ● *Beschichteter Baumwollpopeline Rouge 6247 F und Fleur de cactus (Tisch-Sets)* ● *Beschichteter Baumwollpopeline Oeillet E-6306 M (Geblümte Körbchen)* ● *Jeansstoff 1TSG 010U Farbe Blue 3028 (Kissen)* ● *Baumwollpopeline Oeillet 6306 M (Bettchen-Kette)* ● *Cord marineblau (Umhängetasche)* ● *Baumwollpopeline und kleingepunkteter Baumwollpopeline 10578 Farbe 17 bleu lavende (Schmuckkästchen)* ● *Baumwoll-Piqué Reps TTL 024T, Farbe weiß, Baumwollpopeline 3240 M Narcisse und gepunkteter Baumwollpopeline parme (Mobile)* ● *Baumwollpopeline 4211C ciel und gepunkteter Baumwollpopeline 4258C ciel (Katzenbeutel)* ● *Nichtknitterbarer Baumwollpopeline 10276 gris perle Nr. 20 (Nestchen und Mobile)* ● *Baumwollpopeline Polka 1TTL 025I-10133 marine (Bett-Kettchen)* ● *Frotteestoff 1T3F001U-F gris perle (Badetuch)*

Die Referenzen für die Liberty Stoffe finden Sie in den Materiallisten.

Danksagung der Autorinnen

Herzlichen Dank an Nicolas Stagier vom Stoffhaus Stragier sowie an Céderic für seinen Rat und die Unterstützung.

Herzlichen Dank an Sonia und Fabrice für ihre wunderbare Arbeit.

Herzlichen Dank an Loulou und Yvan für ihren freundlichen Empfang bei den Aufnahmen.

Herzlichen Dank an Julie, die Expertin für Lederwaren, und Anastasia für ihre Hilfe bei der Umhängetasche.

www.juliedupont.com

Die Stylistin bedankt sich bei:
My little day, Loulou addict, Merci, Le Marchand d'étoiles, Monoprix, Habitat, Zara home kids, Start Rite und Muji.

Redaktionelle Leitung: Guillaume Pô
Édition : Julie Cot
Künstlerische Leitung: Chloé Eve
Fotos: Fabrice Besse
Styling: Sonia Roy
Zeichnungen : Léa Eve
Layout: Astrid Guillo

Herausgegeben 2012 von Fleurus Editions
Originaltitel „Motifs et compagnie"
© by Fleurus Editions, Paris, www.fleuruseditions.com
© Deutsche Ausgabe LV·Buch im Landwirtschaftsverlag GmbH,
  48084 Münster, 2012

Übersetzung: Petra Bös, Offenburg, www.petraboes.eu

ISBN 978-3-7843-5271-8